JN070748

世界一のバリスタが書いた

コーヒー1年生の本

COFFEE FIRST TEXTBOOK

espresso/latte/cappuccino/macchiato/mocha…
The class to make the best coffee at home

第15代ワールド・バリスタ・チャンピオン
井崎英典

宝島社

はじめに

本書を手に取ってくださった皆さま、初めまして。
第15代ワールド・バリスタ・チャンピオンの井崎英典です。
私は2014年に世界最大のバリスタの競技会である、
ワールド・バリスタ・チャンピオンシップにて
アジア人として初めて優勝して以来、
年間200日以上を海外で過ごし、
コンサルティングやコーヒーの啓発活動を地道に続けています。

新型コロナウイルスの感染拡大によって、
多くの人が自宅で過ごすことを余儀なくされる中、コーヒーへの注目度も高まっています。
全日本コーヒー協会の『コーヒーの需要動向に関する基本調査』によると、
新型コロナウイルスの感染拡大以降、レギュラーコーヒーの消費量が大幅に増加していま
す。また在宅勤務の影響もあり、飲用場所も家庭が中心となっています。

コーヒーの芳しい香りや濃厚な味わいは勿論ですが、
コーヒーを「淹れる行為」そのものがマインドフルネスとして

心身のリラックスにつながっているからこそ、
コーヒーへの需要が高まりを見せているのだと思っています。

その一方で、コーヒーに「小難しい」イメージを持っている人もいると思います。
「淹れ方が難しそう」「どの器具を買えばいいの？」「豆の選び方がわからない」
などの悩みを抱えている人が多いでしょう。

だからこそ、
本書では**「コーヒーを淹れるハードルを下げるどころか埋める」**をコンセプトに
「コーヒーのあるホッとする豊かな生活」に憧れているけど、
何から学べばよいかわからない方に向けて、
できるだけ簡単にコーヒーのいろはを解説しています。

素敵なコーヒーブレイクを通して、心から「ホッ」としてほしい。
そんな願いを込めて本書を書きました。
自分に淹れるのもよし、愛する誰かに淹れるのもよし、
コーヒーを通した心休まる体験を本書から紡いでいきましょう。

目次

CONTENTS

2限目

おうちで楽しむ! 淹れ方の基本と種類 …… 063

CONTENTS

5限目

アレンジコーヒーで広がる楽しみ方……131

CONTENTS

本書の使い方

コーヒーの知識がなくても、ゼロからやさしく学べる構成になっています。興味のあるトピックスから読むのもよし、頭から順に読むもよし。まずは好きなページから自由に読んでみてください。

基本のページ

コーヒーの淹れ方や知識について解説するページです。

特に重要な情報を囲みにして示しています。

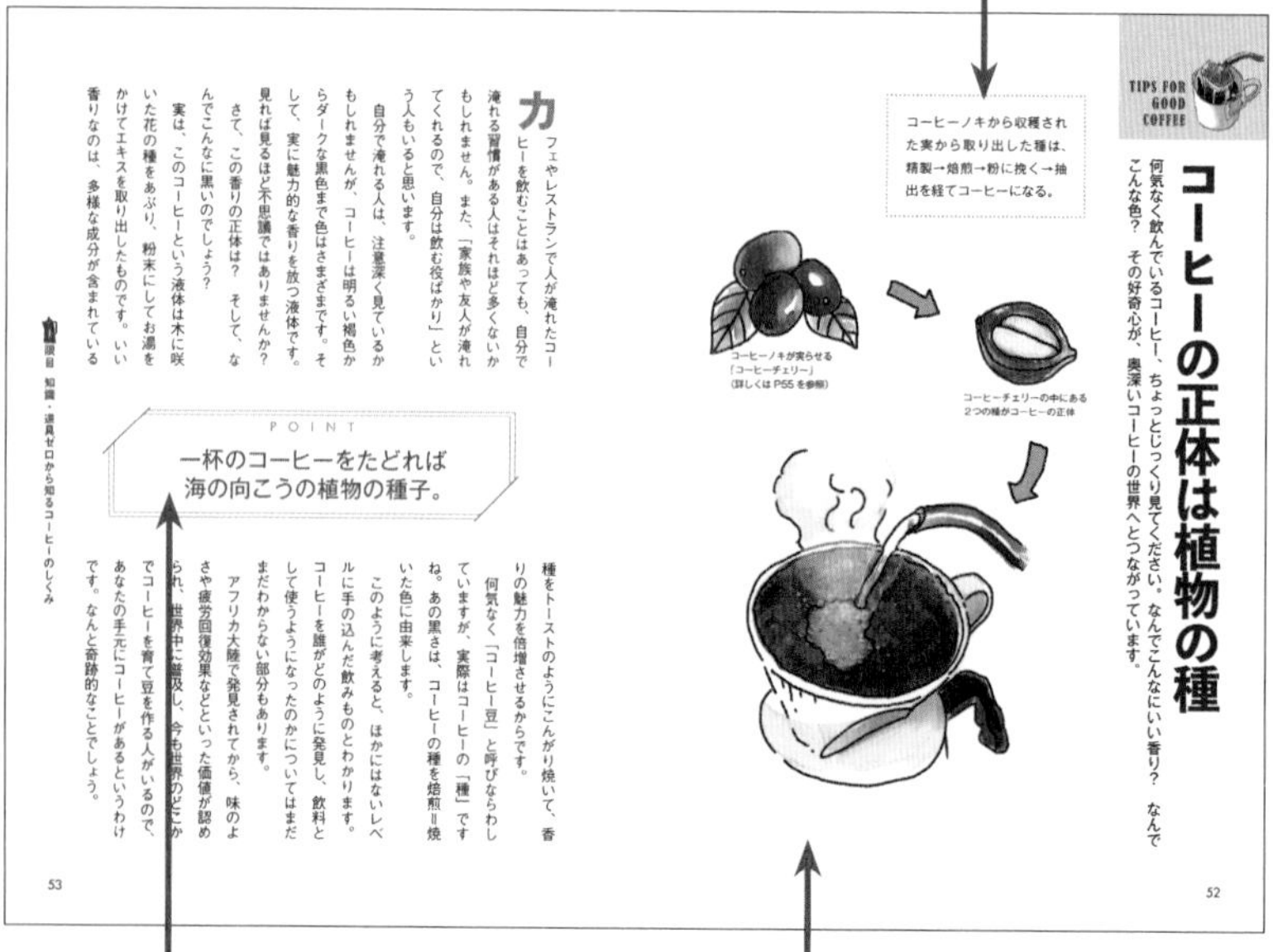

TIPS FOR GOOD COFFEE

コーヒーの正体は植物の種

何気なく飲んでいるコーヒー、ちょっとじっくり見てください。なんでこんなにいい香り？ なんでこんな色？ その好奇心が、奥深いコーヒーの世界へとつながっています。

コーヒーノキから収穫された実から取り出した種は、精製→焙煎→粉に挽く→抽出を経てコーヒーになる。

コーヒーノキが実らせる「コーヒーチェリー」（詳しくはP55を参照）

コーヒーチェリーの中にある2つの種がコーヒーの正体

52

カフェやレストランで人が淹れたコーヒーを飲むことはあっても、自分で淹れる習慣がある人はそれほど多くないかもしれません。また、「家族や友人が淹れてくれるので、自分は飲む役ばかり」という人もいると思います。

自分で淹れる人は、注意深く見ているかもしれませんが、コーヒーは明るい褐色からダークな黒色まで色はさまざまです。そして、実に魅力的な香りを放つ液体です。見れば見るほど不思議ではありませんか？

さて、この香りの正体は？ そして、なんでこんなに黒いのでしょう？

実は、このコーヒーという液体は木に咲いた花の種をあぶり、粉末にしてお湯をかけてエキスを取り出したものです。いい香りなのは、多様な成分が含まれている種をトーストのようにこんがり焼いて、香りの魅力を倍増させるからです。

何気なく「コーヒー豆」と呼びならわしていますが、実際はコーヒーの「種」ですね。あの黒さは、コーヒーの種を焙煎＝焼いた色に由来します。

このように考えると、ほかにはないレベルに手の込んだ飲みものとわかります。コーヒーを誰がどのように発見し、飲料として使うようになったのかについてはまだまだわからない部分もあります。

アフリカ大陸で発見されてから、味のよさや疲労回復効果などといった価値が認められ、世界中に普及し、今も世界のどこかでコーヒーを育て豆を作る人がいるので、あなたの手元にコーヒーがあるというわけです。なんと奇跡的なことでしょう。

POINT
一杯のコーヒーをたどれば
海の向こうの植物の種子。

1頭目 知識・道具ゼロから知るコーヒーのしくみ

53

それぞれのページの要約ポイントを示しています。

理解を深めるための解説イラストです。

コーヒー豆図鑑

著者が注目している10のコーヒー生産国をピックアップ。親しみやすいキャラクターと一緒に楽しく、味の特徴を紹介！

10の生産国やその国の豆をイメージしたキャラクターです。

その国の豆の特徴です。

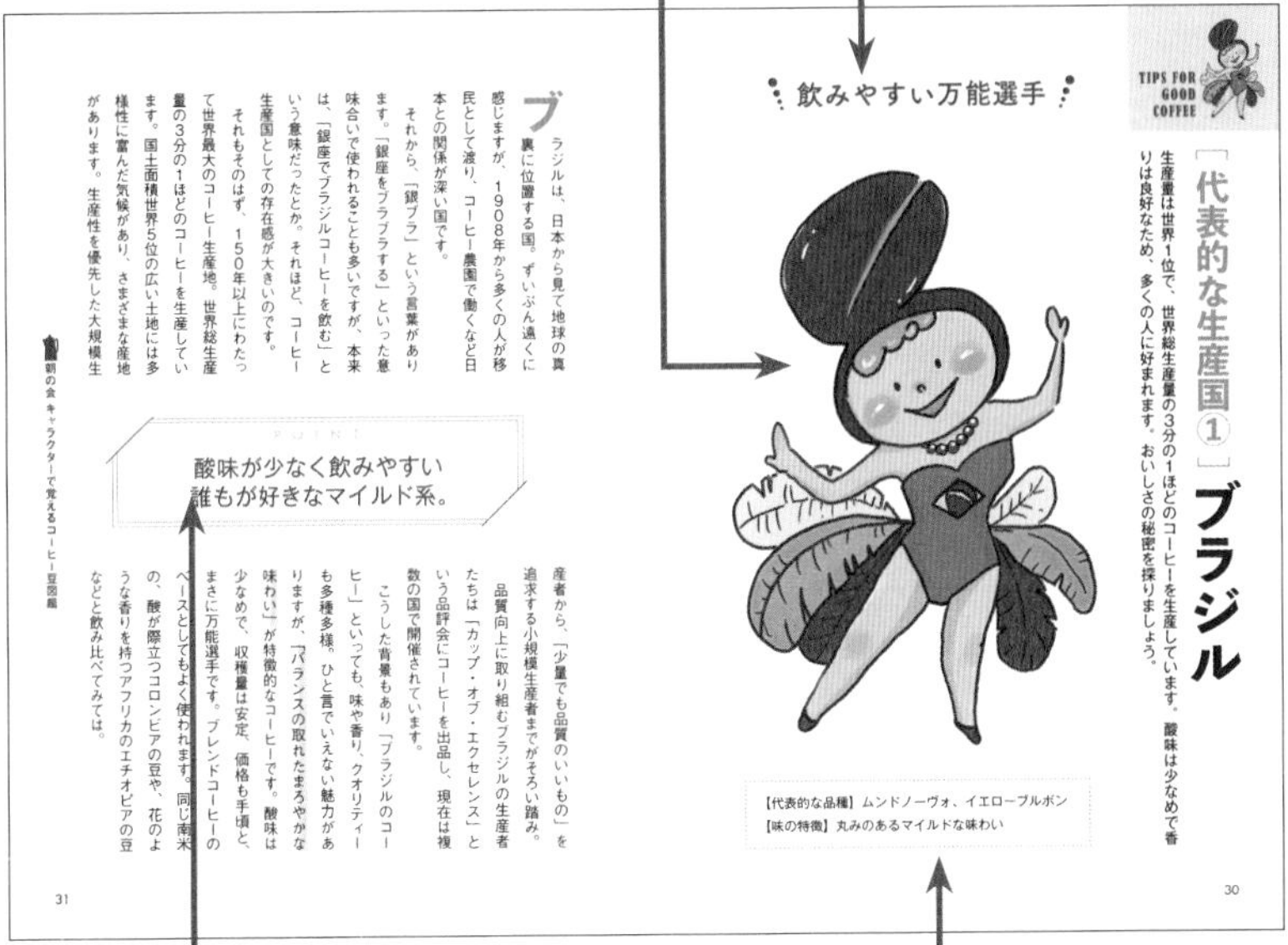
TIPS FOR GOOD COFFEE
代表的な生産国① ブラジル
生産量は世界1位で、世界総生産量の3分の1ほどのコーヒーを生産しています。酸味は少なめで香りは良好なため、多くの人に好まれます。おいしさの秘密を探りましょう。
飲みやすい万能選手
【代表的な品種】ムンドノーヴォ、イエローブルボン
【味の特徴】丸みのあるマイルドな味わい
30
ブラジルは、日本から見て地球の真裏に位置する国。ずいぶん遠くに感じますが、1908年から多くの人が移民として渡り、コーヒー農園で働くなど日本との関係が深い国です。
それから、「銀ブラ」という言葉があります。「銀座をブラブラする」といった意味合いで使われることも多いですが、本来は、「銀座でブラジルコーヒーを飲む」という意味だったとか。それほど、コーヒー生産国としての存在感が大きいのです。
それもそのはず、150年以上にわたって世界最大のコーヒー生産地。世界総生産量の3分の1ほどのコーヒーを生産しています。国土面積世界5位の広い土地には多様性に富んだ気候があり、さまざまな産地があります。生産性を優先した大規模生産者から、「少量でも品質のいいもの」を追求する小規模生産者までがそろい踏み。
品質向上に取り組むブラジルの生産者たちは「カップ・オブ・エクセレンス」という品評会にコーヒーを出品し、現在は複数の国で開催されています。
こうした背景もあり「ブラジルのコーヒー」といっても、味や香り、クオリティーも多種多様。ひと言でいえない魅力があります。「バランスの取れたまろやかな味わい」が特徴的なコーヒーです。酸味は少なめで、収穫量は安定、価格も手頃と、まさに万能選手です。ブレンドコーヒーのベースとしてもよく使われます。同じ南米の、酸が際立つコロンビアの豆や、花のような香りを持つアフリカのエチオピアの豆などと飲み比べてみては。
酸味が少なく飲みやすい
誰もが好きなマイルド系。
31

それぞれのページの要約ポイントを示しています。

その国の豆のデータです。

コラム

コーヒーライフをさらに楽しくするための話題を収録しました。カフェインやコンビニコーヒーの話など、コーヒーの基礎知識からコーヒー業界の最新トレンドまで丸わかり！

COLUMN
井崎バリスタのフリートーク⑤
インスタントコーヒーもスペシャルティ品質に
COFFEE
130

登場キャラクター紹介

【教える人】
井崎英典
（いざき・ひでのり）

第15代ワールド・バリスタ・チャンピオン。企業の商品開発やコーヒーに関するコンサルティングを行う。世界のコーヒー事情に詳しい、苦いエスプレッソから、甘いコーヒーやスイーツまでなんでも好む。

【教わる人】
宝田島美
（たからだ・しまみ）

都内企業勤務の会社員。コロナ禍以前はカフェに通って読書をするのが趣味だったが、最近は自分でコーヒーを淹れられるようになりたいと考えている。丁寧な生活に憧れつつも、性格はややズボラ。

それぞれの国のコーヒーが
わかるゆるくてかわいい
イメージキャラクター

ブラジルちゃん

コロンビアちゃん

エチオピアちゃん

エルサルバドルちゃん

コスタリカちゃん

パナマちゃん

エクアドルちゃん

ケニアちゃん

インドネシアちゃん

ベトナムちゃん

・本書掲載の分量（粉やお湯）は目安として記載しています。お好みで調整してください。
・抽出具合や味は、コーヒーの品種や保存状態、器具などにより異なる場合があります。
　様子を見て調整し、好みの味に近づけていってください。
・アレンジレシピは、現地の味に似るよう考案したものです。
・本書掲載の情報は、2021年10月のものです。

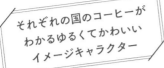

漫画 コロナ禍でコーヒー人気急上昇！

市販のコーヒーも
おいしいけど
人が淹れてくれた
コーヒーはなんだか
あったかい気がする
HOTDOG
COFFEE
MENU
そんなコーヒーを
自分で淹れられたら
もっとおいしいのかな
よしっ！
本で勉強して
自分で淹れてみよう！
Book Store
わぁ！
コーヒーの本が
こんなにある
いろいろな道具が
いるみたいだし
なんか難しい
大丈夫ですよ！

難しく考えないで
専用の道具さえいりませんよ！
ガシッ
いや、誰！
あなたのコーヒーのハードルを低く…
いや、埋めにきました！
第15代ワールド・バリスタ・チャンピオンです！
WORLD BARISTA
世界一のバリスタ…
なんか怖い！
誰でも簡単コーヒー入門
あなたが思っているよりコーヒーは簡単なんです
まずは淹れて飲もう？
ぐしっ
誰でも簡単
コーヒー入門

専用の道具も何もいらない…？
一気にハードルが下がりました！
コーヒーに必要そうなもの達
ガチャ
ガチャ
なんにもいらないっ！
ドーン
いや、豆はいりますよ
父はコーヒー豆屋をしていたので
私は物心ついたときからおいしいコーヒーとともに育ちました
コーヒー界のサラブレッドですが
もっと自由に楽しんでほしくて活動しています
王子？
コーヒーは粉で買ってくれれば専用道具なしで淹れられます
わぁー！
ドリップコーヒー

コロナ禍で伸びた家庭用コーヒー市場

コーヒーでおうち時間をもっと楽しもう

「おうちコーヒー」の注目度が急上昇

長引くコロナ禍のため、外食の機会が減り、自宅で過ごす時間が増えた人は少なくないでしょう。皆さんの生活もすっかり変わり、コーヒー業界も激変しています。

世界のマーケットを見ると、２０１９年～２０２０年度のコーヒー消費量は増え、生産量は前年度より減っています。輸出量が伸びたものがあり、それは、**インスタントコーヒー**などに使われる**「ロブスタ種」**という品種のコーヒーです。病害虫に強く、安定的に収穫できるため、インスタントコーヒーによく使われます。そして、これらは在宅時間が増えたことによる消費増のためだと考えられます。

日本でも、外出自粛の動きを受けて、家庭用コーヒー市場は伸びているようです。「コーヒーにこだわりはないけれど、カフェに行く習慣はある」という人も、自宅でコーヒーを飲む回数は増えたのではないでしょうか。

インスタントコーヒー
コーヒー抽出液の成分を脱水・粉末化したもの。お湯や水を注ぐだけで簡単に溶けて、手軽に楽しめる即席コーヒー。

ロブスタ種
病害に強く、収穫量の多いコーヒーの品種。コーヒー豆の三大原種の一つであるカネフォラ種に属するが、カネフォラ種と同一視されることもある。

一杯のコーヒーに心が救われる体験

新型コロナウイルスの感染拡大を防ぐための緊急事態宣言が発令された直後の2020年4月10日、「クラウドカフェ #BrewHome」という企画をスタートさせました。

「BrewHome（ブリューホーム）」の「Brew（ブリュー）」は「（コーヒーなどを）淹れる」という意味です。約2か月の間、毎日参加者は自宅で思い思いのコーヒーを淹れ、オンライン上に集い、カフェのテーブルを囲むようにコーヒーを飲むイベントです。

先行き不透明な状況の中、不安や孤独を感じる人々へのコーヒーの癒やし効果が実感できたイベントでした。

そんな動きを受け、カフェやコーヒーチェーンも工夫を凝らし、自宅でコーヒーを楽しみたい一般ユーザー向けにさまざまな商品をリリースしています。挽いた豆1杯分をフィルターにセットして個別に包装し、お湯を注ぐだけで飲める**「ドリップバッグ」**などが人気を集めています。

そのほか、「コーヒーと食」にも注目が集まり、食品メーカーが「コーヒーと合わせて楽しむ」をコンセプトにしたフードを開発するなど、新しい動

ドリップバッグ
1杯分のコーヒー粉がフィルターにセットされた状態で個別に包装された商品のこと。カップにセットしてお湯を注ぐと、ドリップコーヒーが完成。

きが出てきています。

おうちコーヒーは新しいステージに入り、楽しみ方も多様化しています。

今からはじめて一生続けられるコーヒー

インスタントコーヒーやドリップバッグなど、手軽な商品が注目を集めるのと同時に、「自分で上手に淹れられるようになりたい」という人も増えています。

「自分で豆を挽いて丁寧に淹れたい」「お気に入りのショップを見つけて豆を買って、自分好みの一杯を淹れたい」といった声を聞くと、「コーヒーは丁寧な暮らしのシンボルなのだ」と感じます。

道具や抽出のさまざまな情報に触れて、「難しそう」と思うかもしれませんが、「自分がおいしい」と納得できる味が作れるようになればゴールです。

プロであれば、コーヒー豆の選択から抽出など、すべての動作を一貫して行う必要がありますが、まずはあまり難しいことを考える必要はありません。コーヒーは奥深い世界ですが、あくまでも嗜好品。肩の力を抜いて、気軽に淹れて飲んでみて、率直な感想に従いながら技術を磨いていってはいかがでしょうか。

独特で楽しい日本の飲みもの文化

日本はアジアでトップクラスの**コーヒー消費国**であり、世界的にみても同様です。日本の伝統的な飲みものといえば、緑茶やほうじ茶などの日本茶でしたが、コーヒーはそれらに取って代わるほどの存在感を放っています。

打ち合わせといってカフェに入ってコーヒーを頼む、オフィスには全自動コーヒーメーカーがあり休憩のたびに淹れて飲む。デートから込み入った相談事、ときには別れ話にまで、暮らしや人生にとって、カフェやコーヒーは欠かせない存在です。

興味深い日本のコーヒーブーム

昭和の時代までは、ちょっと退廃的なイメージも漂う「喫茶店」が主流でした。女性一人客もそれほど多くありませんでした。

また、喫茶店といえばウェイターやウェイトレスが席でサービスするものでしたが、カウンターで注文する「セルフサービス」のカフェが都心で増え、カフェはさらに身近になりました。

コーヒー消費国

世界の1人当たりの年間のコーヒー消費量は次の通りです。

日本　3・64kg
アメリカ　4・84kg
EU　4・96kg
ブラジル　6・25kg
スイス　6・33kg
ノルウェー　8・83kg

その後、「スターバックス コーヒー」などのシアトル系カフェチェーンがアメリカから上陸。産地や淹れ方を追求する**「スペシャルティコーヒー」**、さらに単一品種を徹底的に追求する**「シングルオリジンコーヒー」**など、さまざまなブームが起こりました。

新型コロナウイルス感染症まん延により、多くの人が心の平安を求めています。社会との物理的なつながりを持ちにくい今こそ、コーヒーを趣味にしませんか。淹れ方を探求すれば一生の趣味にもなるし、甘味料や牛乳などを使って自分の好きなアレンジを探すのもいいでしょう。楽しみ方はあなた次第です。

スペシャルティコーヒー

産地や生産処理、抽出などにこだわった特別なコーヒーのこと。評価は国際的な基準で行われる。単一農園・単一銘柄で楽しむことが多い。

シングルオリジン

単一産地の豆だけを使うコーヒーのことをシングル、シングルオリジンと呼ぶ。また、さらに限定的に、単一種の苗木から収穫された豆を指すこともある。

朝の会

キャラクターで覚える
コーヒー豆図鑑

TIPS FOR GOOD COFFEE

かわいいキャラクターが味をナビゲート！

世界のコーヒー産地を知ろう

世界中で親しまれるコーヒーですが、はじまりや発祥の地については諸説あります。有名なのが、**「エチオピア説」**と**「イエメン説」**。

エチオピア説は、カルディというヤギ飼い（ヒツジ飼いなどの説も）の少年が見つけたという内容です。ある日、カルディはヤギが木の実を食べると元気になることを発見します。修道士に相談し観察し、その実を食べてみたところ、気分がすっきりすることに気づき、その実の効能を知りました。

イエメン説は、イスラム教の聖職者・オマールが発見したというもの。オマールはとある不祥事を疑われ町から追放されてしまい、食べるものに困っていたところ、美しい鳥が導いてくれます。そうして見つけた木の実を煮た汁を飲んだところ、体力と気力が回復し、元気になりました。

おわかりでしょうが、どちらの話にも出てくる「木の実」が、今に伝わるコーヒーというわけです。

エチオピア
アフリカ大陸北東部にあり、アフリカ最古の独立国。首都はアディスアベバ。

イエメン
アラビア半島南部の国。正式名称はイエメン共和国で、首都はサヌア。宗教はイスラム教。

生産国は赤道周囲のベルト地帯

とはいえ、これらは伝説であり、農作物としてのルーツはエチオピアにあることが明らかになっています。エチオピアでは、コーヒーに関する伝統的な儀式や独特の喫茶習慣が残り、歴史の深さを感じさせます。

そんなエチオピアから、コーヒーは世界中に広まり栽培されるようになりますが、栽培は赤道を挟んで南北に広がる地帯に集中しています。ベルトのような細長い形のため、**「コーヒーベルト」**（P28）と呼ばれています。

コーヒーベルトには多くの国があり、同じ国の中でも地域ごとに気候や標高、日照量、雨量などが変わってきます。その結果、多種多様なコーヒーが生まれるのです。

そのため、「○○（国）のコーヒーは酸味が強い」などと断言しにくいのですが、コーヒー選びの指標として国ごとの味の特徴を覚えておくといいでしょう。

コーヒー産出国はブラジルやコロンビアなどの南米、パナマやコスタリカなど中米、エチオピアなどのアフリカ、インドネシアなどのアジアに分けられます。

コーヒーベルト
赤道を中心として、南北緯約25度にベルトのように広がる地域のこと。気候的にはほぼ熱帯と重なり、コーヒーノキは主にこの地域で生産される。

味の特徴をざっくり覚えよう

◆南米はバランスの取れた日本人好みの味。特に、甘さと酸味が調和しており、すっきりした風味が楽しめます。

◆中米はフルーツ系。熟したフルーツの果汁のような酸味や風味特性に優れたコーヒーもあります。

◆アフリカはフルーティーだったり、フローラルだったりと、個性がある。濃厚な香りと際立つ酸味が好対照。ケニアなどは、ベリー系の香りを持つ魅力的な豆を生産しています。

◆アジアは深煎りで供されることが多く、インドネシアに代表されるように力強い味わい。ボディ感、苦味、香りが調和した、重厚な風味が特徴です。最近は、フィリピンなどで高品質の豆を手がける生産者が出てきています。

１９８０年代になると、コーヒーの栽培や流通に対する透明性に関する関心が高まる中、１９８７年、アメリカのエルナ・クヌッセン女史が、「スペシャルティコーヒー」を提唱しました。スペシャルティコーヒーとは高品

質で、**トレーサビリティ**とサステナビリティ（持続可能性）が担保されたコーヒーを指します。スペシャルティコーヒーは、その風味特性を活かすために、シングルオリジンで飲まれる傾向があります。

とはいえ、カフェやコーヒーショップで流通するものの多くは**ブレンドコーヒー**であり、「スペシャルティやシングルオリジンだからすごい」というわけではありません。業者やショップが異なる豆を配合することで、調和の取れた味わいや品質、安定した価格を実現するため、工夫を凝らしてブレンドコーヒーを作っています。

このようなコーヒー事情を知り、生産国ごとの味の違いを理解していくと、コーヒーのパッケージから味のイメージができるようになります。

次のページからは、覚えておきたい生産国の紹介です。それぞれの特徴を強調したキャラクターにご注目。店でこれらの生産国の名前を見たら、思い出してみてください。コーヒー豆選びに正解はなく、「楽しく選べるようになる」がゴールです。

トレーサビリティ
英語で「跡をたどることができること」という意味。食品においては製造、処理・加工、流通・販売などの各段階における情報を追跡できるようにすること。スペシャルティコーヒーの関連でよく用いられる言葉。

ブレンドコーヒー
異なる豆を配合して作ったコーヒーのこと。多くは、ベースを決め、タイプの違う豆を隠し味として加えて新しい味を作る。

TIPS FOR GOOD COFFEE

産地はコーヒーベルトに集中！

コーヒーはエチオピアで生まれ、イスラム世界を経て世界中に伝わったといわれています。生産国は赤道周囲に集中し、そのエリアはまるで、世界地図を取り巻くベルトのようです。

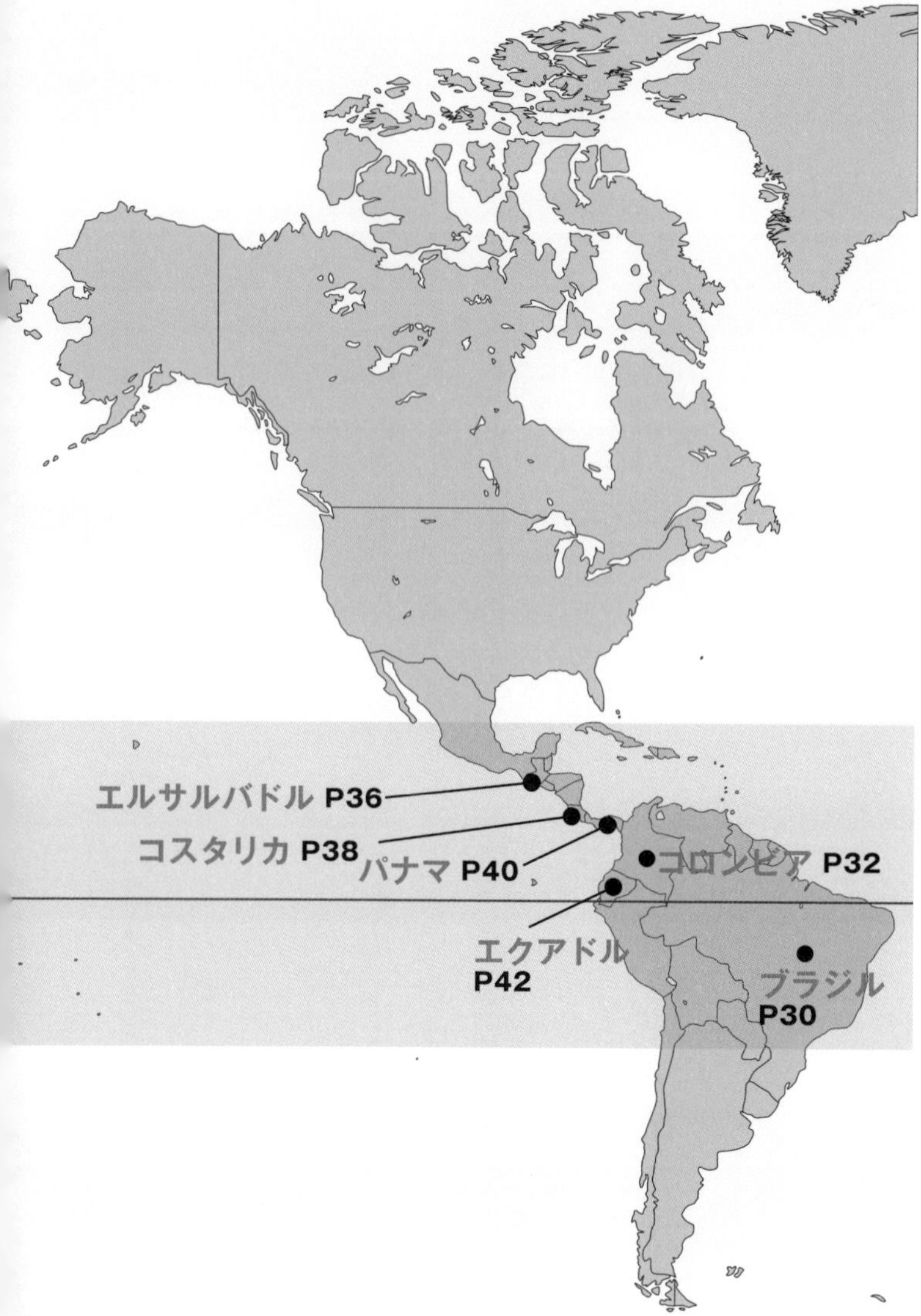

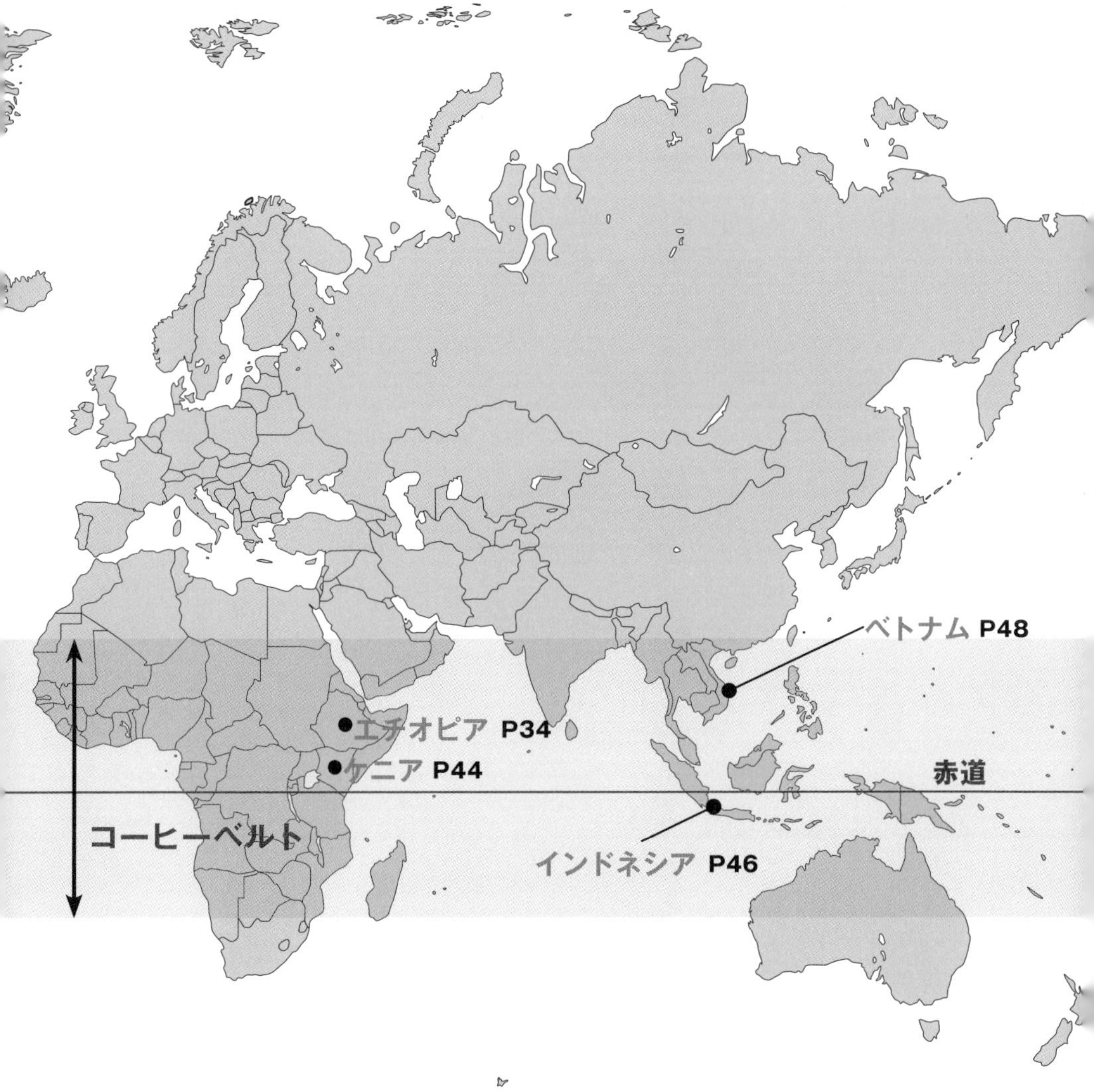

コーヒーノキは熱帯植物で、コーヒーの生産に適した地は赤道付近に集中している。特に、赤道を挟んで南北緯約25度の地帯を「コーヒーベルト（コーヒーゾーン）」と呼ぶ。ほぼ熱帯と重なり、アフリカ中部や中南米や東南アジアなどが含まれる。だが、これらのエリア外でも良質のコーヒーを生産する国が出てきている。

［代表的な生産国①］ブラジル

生産量は世界1位で、世界総生産量の3分の1ほどのコーヒーを生産しています。酸味は少なめで香りは良好なため、多くの人に好まれます。おいしさの秘密を探りましょう。

飲みやすい万能選手

【代表的な品種】ムンドノーヴォ、イエローブルボン
【味の特徴】丸みのあるマイルドな味わい

ブラジルは、日本から見て地球の真裏に位置する国。ずいぶん遠くに感じますが、1908年から多くの人が移民として渡り、コーヒー農園で働くなど日本との関係が深い国です。

それから、「銀ブラ」という言葉があります。「銀座をブラブラする」といった意味合いで使われることも多いですが、本来は、「銀座でブラジルコーヒーを飲む」という意味だったとか。それほど、コーヒー生産国としての存在感が大きいのです。

それもそのはず、150年以上にわたって世界最大のコーヒー生産地。世界総生産量の3分の1ほどのコーヒーを生産しています。国土面積世界5位の広い土地には多様性に富んだ気候があり、さまざまな産地があります。生産性を優先した大規模生産者から、「少量でも品質のいいもの」を追求する小規模生産者までがそろい踏み。

品質向上に取り組むブラジルの生産者たちは「カップ・オブ・エクセレンス」という品評会にコーヒーを出品し、現在は複数の国で開催されています。

こうした背景もあり「ブラジルのコーヒー」といっても、味や香り、クオリティーも多種多様。ひと言でいえない魅力がありますが、「バランスの取れたまろやかな味わい」が特徴的なコーヒーです。酸味は少なめで、収穫量は安定、価格も手頃と、まさに万能選手です。ブレンドコーヒーのベースとしてもよく使われます。同じ南米の、酸が際立つコロンビアの豆や、花のような香りを持つアフリカのエチオピアの豆などと飲み比べてみては。

POINT

酸味が少なく飲みやすい
誰もが好きなマイルド系。

［代表的な生産国②］コロンビア

コロンビアは、酸味と甘味が調和したおいしいコーヒーの生産国。広大な国土の中に多様な気候があり、生産者もそれぞれに工夫を凝らし、魅力的なコーヒーを生み出しています。

酸味と甘味のバランスが◎

【代表的な品種】カトゥーラ・カスティージョ
【味の特徴】軽やかな酸味と甘味のバランス

ブラジル、ベトナムに次いで、コーヒー生産量が世界第3位のコロンビア。日本への輸出量も多く、こちらも3位となります。

コロンビアのコーヒー栽培において、南北を貫くアンデス山脈の影響は計り知れません。広大な国土の中には、さまざまな標高の土地、それに応じて変わる気候があり、それに基づいてコーヒー栽培が行われています。産地を変えれば、年間を通してコーヒーの収穫・出荷ができるのも大きな利点でしょう。

また、コロンビアでは収穫シーズンが年2回あり、遅摘みの豆が「ミタカ」と呼ばれます。

生産者の多くは小規模農家です。そうした生産者の多くは、コロンビアコーヒー生産者連合会（FNC）という組織に加入しています。FNCは1927年に誕生した組織で、日本の農協のような存在。コーヒーの生産や輸出など、コーヒーに関するさまざまな事業一切を取り仕切っています。

FNCには、「ファン・バルデス」という帽子と口ひげが特徴のキャラクターがおり、このファン・バルデスブランドのカフェやコーヒー豆を販売するなどして、魅力を世界に発信しています。

コロンビアの豆の特徴は「酸味と甘味をあわせ持つバランス系」と覚えておくとよいでしょう。

エスプレッソとの相性もよく、ワールド・バリスタ・チャンピオンシップなど競技会の場でも、よく選ばれる優良産地です。

POINT

ブランド力は世界屈指。酸味と甘味のバランスがよい。

【代表的な生産国③】エチオピア

エチオピアはコーヒー発祥国とされ、「コーヒー・セレモニー」という伝統儀式もあります。優れた品種も生み出しており、コーヒーにおけるポテンシャルは、今も世界最高レベルでしょう。

フローラルで華やかな香り

【代表的な品種】エチオピア在来品種
【味の特徴】紅茶のような華やかな香り

エチオピアはコーヒー発祥の地といわれていますが、当初はコーヒーの果肉や種を煮出して飲んでいたようです。その後、種を焙煎して飲むようになったと考えられています。

日本の喫茶店ブームでは、香りのよい高級コーヒーの代表「モカ」が人気を博していました。モカはエチオピアの隣国であるイエメンの港の名前で、イエメン・モカ港から輸出されたコーヒー豆が「モカ」なのですが、対岸のエチオピアのコーヒーもモカと呼ばれていました。

現在、「ゲイシャ」という品種が世界を席巻しています。実はこのゲイシャ、エチオピア原産の品種なのです。もともとはエチオピアの「ゲシャ村」で発見されたことから、この名がつきました。

POINT

コーヒーとは思えない華やかな香りと紅茶のような味わい

パナマのエスメラルダ農園のゲイシャは、高級なフルーツジュースのような甘さや果実味を持ち、香水のような華やかな香りもあります。パナマ産が特別もてはやされますが、エチオピアや中南米の生産国でも少量作っており、香味は良好です。また、ゲイシャほど高価なものでなくとも、エチオピアではイルガチェフェ地方のコーヒーも品質がよく、人気があります。花や紅茶を思わせる華やかな香りと、きれいな酸味が特徴です。

さすが、コーヒー発祥地だけあって語るべき点は多いエチオピア。コーヒーを淹れて客をもてなす「コーヒー・セレモニー」など、独特の喫茶文化もあり、コーヒーファン憧れの生産国です。

［代表的な生産国④］エルサルバドル

コーヒーの酸味に魅力を感じるあなたは、こちら。中米には世界的に知られる名産地がありますが、エルサルバドルの豆は、キレのあるすっきり系の酸味が特徴です。

酸味系コーヒーの入り口にも

【代表的な品種】ブルボン・パカマラ
【味の特徴】すっきりした酸味とフルーティな香り

エルサルバドルは、日本の四国と淡路島を合わせたほどの小さな国です。中米では最小の国でありながら、20以上の活火山があり、世界有数の火山大国としても知られています。

2021年には、世界に先駆けて法定通貨として暗号資産(仮想通貨)であるビットコインを導入し、大きな話題になりました。

気候条件は、コーヒー栽培に適しており、1880年には世界4位のコーヒー生産国になった実績もあります。

1956年には国立のコーヒー研究所が設立され、「コーヒーハンター」として活躍する日本人の川島良彰さんもここで学びました。「パカマラ」という人工交配種が有名で、豆の粒が非常に大きく、香りや酸味も唯一無二の素晴らしい品種です。

POINT

口に含んで心地いい
きれいな酸をご堪能あれ。

その後、不幸なことに、内戦や革命などによってコーヒー産業は一時期衰退しましたが、最近は、優れた生産者により高品質のコーヒーが生産されています。

世界的に知られる名産地が多い中米の中でも、「エルサルバドルは酸味や風味に優れたコーヒーが多い」と思います。味わいは総じて、キレのあるすっきり系の酸味が特徴です。柑橘系の酸味や果実のようなフルーティさは、エルサルバドルならではの魅力です。

また、パナマのゲイシャが知られていますが、エルサルバドルにも素晴らしいゲイシャを栽培する生産者がおり、注目を集めています。

「代表的な生産国⑤」コスタリカ

日本への輸出量はそれほど多くはありませんが、コーヒーショップでコスタリカ産の豆にピンときたら、ぜひ試してみて。良質の酸味と素晴らしい香りに魅了されること請け合いです。

バランスのいい 優等生的生産国

【代表的な品種】カトゥーラ・カトゥアイ・ビジャサルチ
【味の特徴】甘さのある舌触りのよい質感

軍隊を廃止し、教育や医療に力を入れている福祉国家のコスタリカ。国立公園や自然保護区も多く、環境保護にも熱心で、環境保全と経済を両立させるエコツーリズムも盛ん。コーヒー農園の見学を含むプランも人気があるようです。

コーヒー栽培においては1933年、政府は生産者とともに「コスタリカコーヒー協会（C I C A F E）」を組織しました。1988年、政府は高品質で香りが優れているとされる「アラビカ種」以外の生産を禁止する法律を制定し、ブランド維持に力を入れています。

近年のコーヒー栽培においても、ユニークな取り組みがみられます。その代表が、「マイクロミル」です。家族や小規模の生産者グループなどの小単位で生産処理設備を用意し、「小規模・高品質」のコーヒー生産を行っています。

また、コーヒー豆製造においても「ハニープロセス」という独自の処理方法を確立するなどして個性を発揮しています。

近年、国際的な評価が高まるコスタリカのコーヒーですが、日本への輸出量はそれほど多いわけではありません。ただ、豆の産地や品質を追求するカフェやコーヒーショップにおいて、コスタリカ産の豆を見かける機会が増えました。

コスタリカには、小規模な農家・農園が多いため、さまざまな魅力ある豆が勢ぞろい。総じて甘味のあるきれいな酸が感じられやすい魅力的な豆がたくさんあります。ぜひ、丁寧に淹れて香りを存分に堪能してもらいたい豆の生産国です。

POINT

苦味が控えめで
果実のような酸味あり。

［代表的な生産国⑥］パナマ

パナマのコーヒーの特徴は、爽やかな酸味です。国際品評会に出品され、当時世界最高価格をつけたエスメラルダ農園の「ゲイシャ」が注目されますが、それ以外にもおいしい豆がたくさん！

コーヒー通《つう》なら ゲイシャ飲んでみて！

【代表的な品種】ゲイシャ

【味の特徴】香水のようなフレーバーとフルーティな酸味

パナマはアメリカ大陸の南北をつなぐ細くくびれた部分に位置します。カリブ海と太平洋を結ぶパナマ運河があり、多くの人やものが行き交う交通の要所で政治・経済・文化の中心地でもあります。

環境や気候に目をやると、中米では最も南に位置し、寒暖差があります。成長期に雨が降り収穫期に乾燥し、日当たりがよいなど、コーヒー栽培に有利な条件ぞろい。

パナマのコーヒーについて世界的に注目度が高まったのは、2004年のことです。「ベスト・オブ・パナマ」という国際品評会に出品されたエスメラルダ農園の「ゲイシャ」という品種のコーヒーが、当時、世界最高価格で落札されました。紅茶のように軽い口当たり、可憐な花のような香りや柑橘系のフレーバーは、ほかの豆では味わえない比類なき特長です。

POINT

高品質の生産国として人気急上昇中！

それ以来、世界のマーケットにおいて、パナマのゲイシャは、かなりの高値で取り引きされ、特別な存在感を放っています。それ以来、パナマ国内でゲイシャ種の栽培に取り組む農園も増えたのです。

とはいえ、生産量の全体でいえば、ゲイシャはまだまだマイノリティ的存在です。生産量が多いのは、カトゥーラやカトゥアイといった品種です。これらは、大量生産を目的としたものですが、優れた気候風土の中、意欲的に栽培に取り組む生産者のおかげで、素晴らしい品質のコーヒーが誕生し、世界に流通しています。

味わいはキレ・すっきり系のものが多く、爽やかな酸味が魅力です。

［代表的な生産国⑦］エクアドル

バナナのイメージが強い国ですが、最近のエクアドルは高品質のコーヒー生産で注目されています。酸はしっかりあるのに甘味もある、素晴らしいコーヒーを世界中に送り出しています。

きれいな酸味に世界が注目！

【代表的な品種】シードラ・ティピカメホラード
【味の特徴】甘味を伴うフルーティなフレーバー

南米の北西部に位置し、太平洋に面する赤道直下の国、エクアドル。面積は日本の3分の2ほどと小さな国ですが、アンデス山脈やアマゾン川源流域の熱帯林や海岸のマングローブ林などがあり、自然環境は変化に富んでいます。さらに、博物学者ダーウィンに進化論を考えるきっかけを与えたガラパゴス諸島も、エクアドルの沖合に浮かんでいます。

このような豊かな自然や生態系に恵まれ、農産物ではコーヒーのほかバナナやカカオなども知られています。標高6000mを超えるアンデス山脈が南北を走り、国土の多くは山岳地帯。コーヒー栽培に有利な地理的・気候的な条件がそろっており、高品質のコーヒーを送り出しています。

これまで、エクアドル産コーヒーに対する評価はそれほど高くありませんでしたが、コーヒー産業への期待は非常に高まっています。また、未開の土地もあり、まだ知られざるコーヒー品種への期待もあります。

そんなエクアドルのコーヒーについては、「酸はしっかりあるのに、甘味も十分」という特徴が挙げられます。コーヒーに関する甘味や酸などの好ましい味や香りがほどよくありながら、調和が取れており、飲みやすいものが多いです。

それから、これから注目されるかもしれないのが、「シードラ」。ブルボンの変異種で、ストロベリーのような果実味とフルーツガムのような鮮烈な甘い香りを持っています。ほかにも国内で見つかった突然変異種もあり、コーヒー産地としてのポテンシャルの高さを感じさせてくれます。

POINT

アンデス山脈の高地が風味豊かなコーヒーを生む。

［代表的な生産国⑧］ケニア

アフリカを代表するコーヒー産地の一つ。雨季が年に2回あるため、1年に2回収穫できるという強みがあります。味わいはクリーンで、ジューシーでフレッシュな酸味を持つものも。

カシスやベリーのような爽やか系

【代表的な品種】SL28、SL34

【味の特徴】カシスやベリーのような重厚感のある酸味

アフリカ東部の赤道直下の国、ケニア。コーヒー発祥の地といわれるエチオピアの隣国で、アフリカを代表するコーヒー産地の1つです。しかしながら、ケニアでのコーヒー生産は、ほかの国に遅れてはじまりました。

とはいえ、雨季が年1回の国では開花や収穫は年1回ですが、ケニアは雨季が年に2回あるため1年に2回収穫できるという強みがあります。また、かつて生産者たちが出資して世界初となるコーヒー研究機関を設立するなど、コーヒー生産を積極的にPRし、高品質のコーヒーを送り出す生産国としての認知度が高まっています。

ケニアでは、コーヒーと同じ嗜好品である紅茶の生産も盛んで、茶葉をボールのように丸めた愛らしい形の紅茶が有名です。国民はコーヒーより、ミルクを入れた紅茶をよく飲むようです。

ケニアの豆を専門店などで探すと、「ケニア AA」などと、英語が添えられることがあります。ケニアでは、スクリーンサイズ（豆の大きさ）により豆を格付けし、このアルファベットがグレードを示します。大粒のほうがグレードが高いものとして評価され、スクリーンサイズ17～18（6・8～7・2㎜）がAAとなり、最高グレードです。

ケニアの豆の味わいは、「気品のあるフルーツジュースを思わせる果実味やフレッシュな酸味がある」などと表現されます。良質のケニアコーヒーには、みずみずしい酸味の中に訪れるベリー系、ドライフルーツなどの風味を感じられるでしょう。

POINT

ベリー系の酸味があり豊かなフレーバーが口に広がる。

［代表的な生産国⑨］

インドネシア

インドネシアといえば力強いボディとコクのある後味、そして独特の土の香りが特徴的です。スマトラ島で栽培される香りの高い「マンデリン」のほか、優れたコーヒーが複数あります。

ボディがあって味わいしっかり

【代表的な品種】ロブスタ、ティモールハイブリッド
【味の特徴】土のような香りと厚みのあるボディ

インドネシアは、東南アジアのマレー諸島南部の国です。アジアでは、世界2位のベトナムに次いでコーヒーの生産量が多く、インドネシアは世界4位です。

日本では、「マンデリン」や「トラジャ」などが高級コーヒーとして人気でした。ちなみに、マンデリンというのは地名ではなく、スマトラ島にいた部族の名前です。

これらの銘柄は、名前がよく知られていますが、ほかは生産量に比べて知名度はまだありません。アジア地域の経済発展により、コーヒー産業も進展し、より優れたコーヒー産地になるかもしれません。

マンデリンを産出するスマトラ島ですが、収穫した実を処理する方法として、「スマトラ式」という独特のスタイルがあります。これは、コーヒーの実から種を取り出し2段階に分けて乾燥させるものです。果肉を取り除きネバネバの粘液がついたまま最初の乾燥・脱穀を行い再度乾燥させ、完成です。湿気が多いこの地に適した方法で独特の風味や香りを引き出します。

POINT

飲みごたえがあってアレンジドリンクにも◎。

インドネシアのコーヒーは、「マンデリンなどの銘柄は華やかで濃厚な香りやコクが特徴。それ以外の豆はスパイシーさ、土のような香りとしっかりとした苦味がある」とまとめることができるでしょう。

最近は、生産者の世代交代が起こり、世界の生産地や先人に学んだ若く意欲的な生産者が、優れたコーヒーを生み出すようになっています。今後が楽しみな生産国です。

［代表的な生産国⑩］ベトナム

アジアトップの生産国で、生産量は世界2位。ボディ感や苦味、コクがしっかりあるため、コンデンスミルクをたっぷり入れて飲むベトナムコーヒーが有名。近年では風味のよい品種の栽培も盛んです。

ミルクと合わせて
負けない力強さ

【代表的な品種】ロブスタ、カティモール
【味の特徴】苦味の強い重厚な味わい

インドシナ半島東部に位置するベトナム。熱帯モンスーン気候に属し、高温多雨であることが特徴です。

1857年に、ベトナムを植民地としていたフランスによりコーヒーの苗木が持ち込まれ、本格的な栽培がはじまったという説があります。その後、コーヒー栽培はベトナム戦争で中断されつつも、ドイモイ政策（改革開放路線）により、産業として大きく成長。現在、ベトナムのコーヒーは世界2位の生産量を誇っています。

品種では、「ロブスタ種」が主流で、品質面でアラビカ種に劣るとされてきましたが、年々深刻になる病害には耐性があり、生産量も多いため、安定供給に欠かせない品種です。日本への輸出量も多く、コーヒー産業の下支えとなっています。

POINT

アジアトップの生産量。カフェオレにしても美味。

また、ロブスタ種の中でも「G1ポリッシュド」など、精製の状態がよい優れた品種も栽培されています。さらに近年では、香りや味わいの優れたアラビカ種の生産を増やす取り組みもあり、今後の発展が期待されています。

ベトナムの人はコーヒーを日常的に飲みます。ベトナム特有の飲み方としては、コンデンスミルク（練乳）を入れる「ベトナムコーヒー」が有名です。

ベトナムのコーヒーは、「しっかり重厚でボディ感のある味わい」が特徴です。そのため、牛乳やコンデンスミルクを入れても風味が損なわれにくいという特徴があります。また、最近ではヨーグルトを入れるアレンジも人気です。

COLUMN

井崎バリスタのフリートーク①

温度で味覚は変わるんです

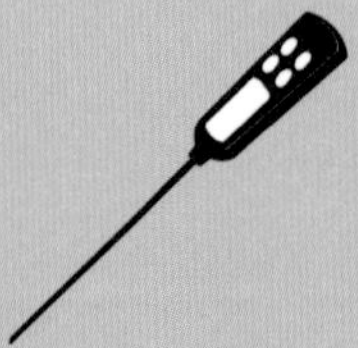

淹れたてのときと、冷めたときとで、コーヒーの味が変わることを体感的に知っている人もいると思います。

「温度によって味の感じ方が変わる」という話は、よいコーヒーの見分け方にもつながります。

まず、コーヒーは「温度が下がり体温に近づくにつれて、正確な味がわかる」という考えがあります。だから、冷めるとおいしくないコーヒーは、品質があまりよくないということになります。

最近私が飲んで、「これはおいしすぎる。ヤバい」と思ったものがいくつかあります。

中南米やアフリカの豆が高品質で風味がよいと評価されていましたが、最近はアジアのコーヒーが格段によくなっています。例えば、インドネシアやフィリピンです。

スペシャルティコーヒーの世界では、味を評価するために「カッピング」というテイスティングを行います。合計得点が80点以上だと、「スペシャルティコーヒー」と評価され、高値で取り引きされます。私がカッピングしたフィリピンのあるコーヒーは、今までは考えられなかった85点を超える品質の素晴らしいものでした。

近年のフィリピンやインドネシアなどアジアのコーヒー産業では、30歳前後のミレニアル世代やZ世代と呼ばれる世代が大活躍。先進的な生産国や海外の一流生産者に学び、国際感覚を身につけて自国に戻ってくるから強いのです。そんな作り手が、試行錯誤しながら栽培したコーヒー豆を「ヒデ飲んで、フィードバックをちょうだい」と、私に届けてくれるわけです。

こうした動きは世界中でみられます。これまで海外に出て行くことばかりに目が行っていた人たちが、健全な愛国心を持って、自国の産業に目を向け、高品質のコーヒーを作り国をよくしたいと奮闘しているのです。

そんなわけで、私の元には世界中から素晴らしいコーヒーが届き、味をみる機会に恵まれています。アジアもいいですが、最近のエクアドルはずば抜けていますね。

改めて思うのですが、「高品質のコーヒーは、温かいときから冷めるときまで素晴らしい」ということです。温かいときはジャスミンのような香りだったのに、冷めてくるとフレーバーがオレンジブロッサムに変わったりします。こういった温度による「味の起伏」が楽しめるものこそ、いいコーヒーだと思っています。

産地環境の特性を指す「テロワール」というワインの言葉がコーヒーの評価法を変えました。温度帯による味の変化を楽しむテイスティングも、コーヒーの世界を一変させ、新しい楽しみ方が生まれるかもしれません。

1限目

知識・道具ゼロから知るコーヒーのしくみ

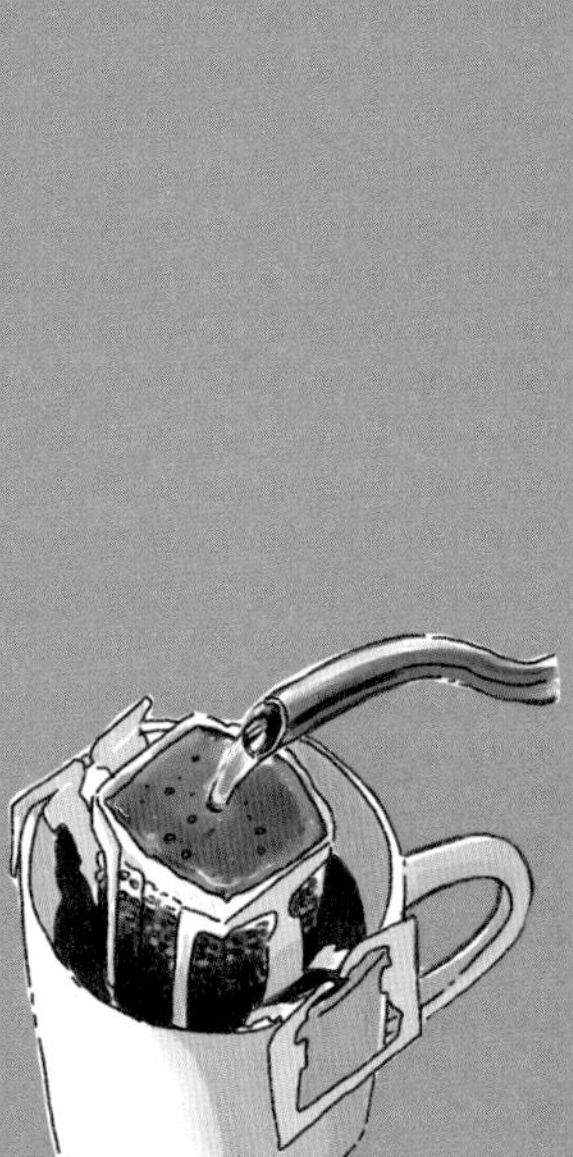

コーヒーの正体は植物の種

何気なく飲んでいるコーヒー、ちょっとじっくり見てください。なんでこんなにいい香り？　なんでこんな色？　その好奇心が、奥深いコーヒーの世界へとつながっています。

コーヒーノキから収穫された実から取り出した種は、精製→焙煎→粉に挽く→抽出を経てコーヒーになる。

コーヒーノキが実らせる「コーヒーチェリー」
（詳しくはP55を参照）

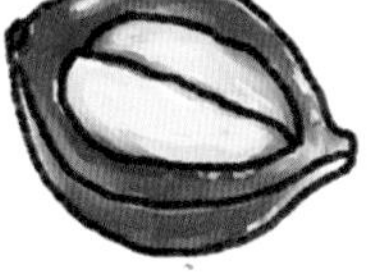

コーヒーチェリーの中にある2つの種がコーヒーの正体

カフェやレストランで人が淹れたコーヒーを飲むことはあっても、自分で淹れる習慣がある人はそれほど多くないかもしれません。また、「家族や友人が淹れてくれるので、自分は飲む役ばかり」という人もいると思います。

自分で淹れる人は、注意深く見ているかもしれませんが、コーヒーは明るい褐色からダークな黒色まで色はさまざまです。そして、実に魅力的な香りを放つ液体です。見れば見るほど不思議ではありませんか？

さて、この香りの正体は？　そして、なんでこんなに黒いのでしょう？

実は、このコーヒーという液体は木に咲いた花の種をあぶり、粉末にしてお湯をかけてエキスを取り出したものです。いい香りなのは、多様な成分が含まれている

POINT

一杯のコーヒーをたどれば
海の向こうの植物の種子。

種をトーストのようにこんがり焼いて、香りの魅力を倍増させるからです。

何気なく「コーヒー豆」と呼びならわしていますが、実際はコーヒーの「種」ですね。あの黒さは、コーヒーの種を焙煎＝焼いた色に由来します。

このように考えると、ほかにはないレベルに手の込んだ飲みものとわかります。コーヒーを誰がどのように発見し、飲料として使うようになったのかについてはまだわからない部分もあります。

アフリカ大陸で発見されてから、味のよさや疲労回復効果などといった価値が認められ、世界中に普及し、今も世界のどこかでコーヒーを育て豆を作る人がいるので、あなたの手元にコーヒーがあるというわけです。なんと奇跡的なことでしょう。

白い花の種からあなたのカップへ

植物の種がコーヒーになるまで

コーヒーは赤い実の時代がある

コーヒー豆は植物の種子、つまり「種」であることは、説明した通りです。

コーヒーは、植物としての名前は「コーヒーノキ」で、「アカネ科コーヒーノキ属」に分類されます。ちなみに、いい香りの白い花で知られるクチナシもアカネ科に属します。コーヒーもとてもかわいらしい白い花をつけ、可憐な香りを放ちます。

花が咲いたあとには、ほかの植物と同様に実がつきます。実は最初、緑色をしていますが、次第に赤色や紫系の赤色になり、熟していきます。品種によっては、赤系ではなく黄色系の実ができるものもありますが、形はコロンとした丸や楕円形。

コーヒーノキ
アカネ科の常緑樹。野生の状態では9~12メートルほどに成長するが、農園では収穫を楽にするために2メートルほどに剪定することが多い。葉は長めの楕円形。

まるでサクランボのような見た目をしているため、「コーヒーチェリー」と呼ばれます。

実から種を取り出し、生豆へ

コーヒーチェリーの中には種が入っており、これがおなじみのコーヒーです。種はボールを2つに割ったような半球状で、2つが向かい合わせになるようにして愛らしく収まっています。

コーヒーチェリーの果肉は薄いのですが、樹上で十分に完熟させると、糖度20度を超えることもあり食べると甘味を感じます。糖度とは100g当たりの糖分の量を示す指標で、モモやブドウなどでも糖度20度を超えるとかなり貴重なものとして取り引きされます。

ちなみに、コーヒーチェリーは、果肉にもカフェインが含まれています。

コーヒーチェリーの収穫は手作業のほか、機械で行われます。収穫後、果肉を取り除き、種だけに乾燥・脱穀などの生産処理を行い、「生豆」へと加工します。

コーヒーチェリー
原産地では、熟したコーヒーチェリーから採った果汁を発酵させて飲んだりしていたとされる。

カフェイン
コーヒー（アカネ科）のほか、チャ（ツバキ科）、カカオ（アオギリ科）は系統的には異なる植物だが、すべてカフェインを含む。カフェインは、興奮作用が知られ、古くから飲料として使われる。

消費国で焙煎され、あなたのカップへ

コーヒーは、この生豆の状態で輸出されることが多く、海をわたって消費国に到着してから焙煎が行われます。

コーヒー豆には、多くの成分が含まれています。それらの成分に火を通して化学変化を起こすことで、コーヒー特有の香りや味わいなどを引き出すわけですが、この工程が「焙煎」です。火を通す前の生豆は、淡い緑色をしています。青臭く、このままでは飲めません。焙煎とは、コーヒー豆などを焙（ほう）じて煎（い）ることです。豆に含まれる成分は、焙煎により変化し、味や香りを構成する成分へと変わります。

コーヒーを焙煎すると、茶褐色や黒褐色に変わり、芳香が発生します。豆の内部では**メイラード反応**や**カラメル化**などといった変化が起き、香りや甘味、酸味、苦味などがこのときに生まれます。

メイラード反応
食品を加工する中で起こる化学反応の一つ。コーヒー豆やトーストなどのこんがりした焼き色、焼きたてのパンなどの香ばしさなどを生み出す。

知識を得たら、さっそく淹れてみよう

知識を深めたら、次は抽出の仕組みです。

こうして作られた豆からコーヒーを淹れる作業は、代表的な淹れ方である「ドリップ」を簡単に説明すると、次のようになります。

❶豆を粉にする
❷お湯を注ぐ
❸お湯にコーヒー成分が移行する

「どの化学変化をどこまで進め、どこで止めるのか」という焙煎技術を持ったコーヒーショップや、自分好みの焙煎度合いのコーヒーに出会えるといいですね。

おいしいコーヒー豆を見つけたら、淹れて飲むだけ。

トライ&エラーを繰り返しながら上達を目指しましょう。

カラメル化
カラメル化反応とも。食品に含まれる糖類が加熱により反応し、焼き色ができること。

専用道具がなくても茶漉《ちゃこ》しでOK

専用の道具が何もなくても、茶漉しがあれば淹れられます。コーヒーの粉にお湯を注いで、4分置いたら茶漉しで粉を漉し取るだけ。ほら、なんて簡単。そして、驚きのおいしさなのです。

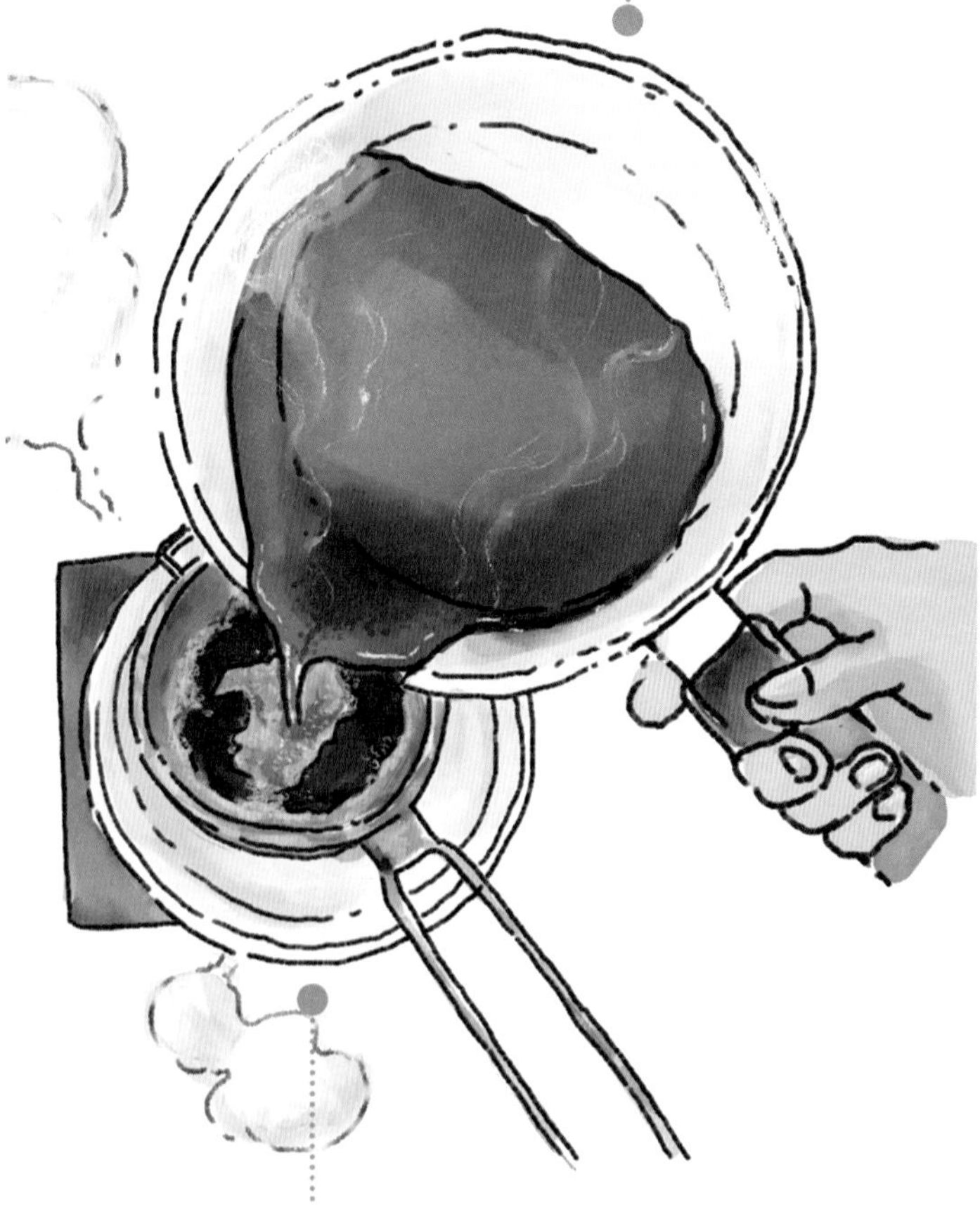

コーヒー用のサーバーがあればそれを使うとよい。なければ、ミルクパンなどの小ぶりの鍋も使える。

目の細かい茶漉しを使えば、粉の取り残しが少なくなる。

コーヒーという農作物の仕組み、コーヒー抽出のメカニズムがわかったらさっそく淹れてみましょう。

最初はなんと、専用の道具さえ必要ありません。どこの家庭にもきっとある茶漉しを使います。なければ100円ショップのものでもOKです。

淹れ方は次の通りです。

まず、ミルクパンや小鍋（手鍋）を用意します。コーヒーサーバーも使いやすいですが、買うのはまだ先で大丈夫。そこに、コーヒーの粉を入れ、お湯を注ぎ入れます。コーヒーミルがないなら、店で挽いてもらうか、粉の状態で買ってきます。分量は100㎖のお湯当たり粉6～8gが目安です。

お湯の温度は？　少しずつ入れたほうがいい？　などは一切考えなくて大丈夫。

POINT

茶漉しドリップはおうちコーヒーへの一歩。

沸かしたての電気ケトルから注いだってOK。

4分置いたら、コーヒーの成分がお湯に十分溶け出しています。しかし、このままでは粉が口に残るので茶漉しの出番です。マグカップに茶漉しをセットし、粉を漉し取りながら注ぐだけ。

コーヒーの表面を見てください。油がわずかに浮いていますが、これは豆に含まれるコーヒーオイル。旨味や香りが閉じ込められています。

非常にラフなやり方ですが、フレンチプレス（P74参照）に似た味わいのコーヒーを手軽に楽しめるおすすめの方法です。

茶漉しって、万能選手なんですよ。このような淹れ方のほか、コーヒー豆を粉にしたときに生じる100ミクロン以下の細かな粉「微粉」を取り除くのにも使えます。

ドリップバッグで手間・失敗なし

ギフトの定番、ドリップバッグ。品質が向上し、自分のために買う人も少なくありません。手間なく、失敗もないドリップバッグを活用すれば、コーヒーライフがもっと手軽になりそう。

ドリップバッグをあなどるなかれ。個包装なので劣化も少なく味わいは良好。最初は温度を気にせず淹れてみよう。

抽出の終わったお湯に浸かってしまうと、それ以上成分は抽出しない。高さのあるカップを使うと、お湯と粉が十分に触れ合い、よく抽出できる。

お歳暮やお中元の定番といえば、ドリップバッグの詰め合わせですね。特別な器具がなくても、カップにセットしてお湯を注ぐだけの手軽さから人気があります。個包装なので使いやすく、職場などで配りやすいのも優秀なポイントです。

老舗の企業やメーカーだけでなく、最近では大手カフェチェーンのブランドからもおしゃれなパッケージのアイテムが販売されています。さまざまな種類がセットになったタイプなら、普段自分で選ばない豆との出会いもあり楽しいものです。そのため、ギフト目的のみならず、自分用に買っていくコーヒーファンも少なくありません。やはり、少量ずつ飲めて、試せるのはうれしいですよね。

誰が淹れても失敗のないドリップバッグですが、さらに味をおいしくするコツは次の通り。パッケージ記載のお湯の分量を守ることは基本です。

・高さのあるカップを使い、ドリップバッグが抽出済みのコーヒーに浸らないようにすること
（抽出済みのコーヒーにはそれ以上成分が抽出しないため）

・最初にお湯を注いだら
1分ほど蒸らしてから本番の抽出へ

ドリップバッグより手軽な「コーヒーバッグ」も流行の予感。ティーバッグと同じ要領でお湯に浸けて規定の時間を置いたらできあがり。出かける前に、適切な量のお湯と一緒にマイボトルにバッグを入れておけば、出先で温かいコーヒーが飲めます。

POINT

ドリップバッグはお試し気分でお気軽に。自分に合ったものを探そう。

COLUMN

井崎バリスタのフリートーク②

切っても切れないカフェインとのつき合い方

私の妻が妊娠してから、「夜のカフェイン摂取はやめよう！」と決めました。でも、コーヒーは飲みたい。じゃあデカフェにしようか？　と。

それまでは、「コーヒーからカフェインを抜いて何が楽しいの？」と懐疑的でしたが、自分がそういう立場になって重要性や現状がやっとわかりました。その後、20種類ぐらいのデカフェを飲みましたが、琴線に触れるものはありませんでした。その結果、自分でデカフェを作ることに。

それまでは、深夜12時でも1時でも気にせずガンガンコーヒーを飲んでいました。私はカフェインの分解能力が非常に高いようで、私の妻も同様です。

でも、実際にコーヒーをデカフェに替えたところ、朝の寝起きがいいんですね。1週間以上経って、やっとわかりました。目覚まし時計が鳴るとすぐ起きられるし、寝起きが爽やか！　ウェアラブルデバイスで睡眠の質を計測した結果も、格段によくなっていました。

カフェインは1回摂取すると、12時間ほど経たないと完全に抜けないんです。とはいえ、寝る12時間前にカフェインを断つことは私のライフスタイルでは難しい。今は夕方からは自宅でも事務所でもデカフェにして、快調です。

そして、朝は心身のスイッチをオンするのにコーヒーは有効。カフェインの影響はそれほど気にする必要はないでしょう。ただし、体調がよくないとき、最後のコーヒーブレイクを早めたり、量をいつもの半分にしたりするといいかもしれません。

寝起きが悪い人も、一度カフェインの影響を疑い、コーヒーの量と摂取時間と体調の関係をチェックしてみてはいかがでしょうか。

コーヒーの効能は元気になるカフェインの効果だけでなく、茶道のような精神性も大きいと考えています。コーヒーを淹れることはカジュアルダウンした茶道のようなもので、マインドフルネスの効果があると思っています。こうしたことも含めて、コーヒーを飲みたいわけです。カフェインを摂取することだけがコーヒーとのつき合い方ではないよ、という話です。

そして、社会的に成功している人や各界のプロフェッショナルは、カフェインに対してもストイック。「コーヒーは午後4時以降は飲みません」などと言う人もいます。カフェインが睡眠の質に影響し、パフォーマンスをダイレクトに左右することを知っているのでしょう。

アメリカでも、意識の高いミレニアル世代やZ世代がデカフェにシフトし、これらの世代だけで全米の約30%のデカフェを消費しているというデータもあります。

2限目

おうちで楽しむ！
淹れ方の基本と種類

淹れ方の種類を知ろう

同じコーヒーを淹れるのにも、淹れ方により味や抽出方法はさまざま。いろいろ試しながら、自分のライフスタイルや性格に合った淹れ方を探すのも楽しみの一つです。

【ペーパードリップ】

【ネルドリップ】

【フレンチプレス】

【水出し】

【コーヒーメーカー】

コーヒーの淹れ方、どんなものを知っていますか?

一般的に、豆にお湯をかけて1杯ずつ抽出する「ペーパードリップ」はおなじみですね。ペーパーをセットしてお湯をかけ、抽出を待つのは手間と時間がかかりますが、待つ時間も意外と楽しい。また、細かな粉が漉し取られすっきり澄んだ味わいが楽しめます。コーヒーかすをフィルターごと捨てられるので、後片づけも簡単。

ペーパーと同じドリップでも、ネルという布素材を使うのが「ネルドリップ」。喫茶店では、一度に大人数分を抽出し、注文があると温め直して提供するところもあります。淹れている姿がサマになり、「ネルでないと出ない味がある」というコーヒー通もいるように、確かに優しい口当たりは魅力的。ただ、ネルのフィルターは掃除やメンテナンスに手間がかかります。

紅茶専門店で見かけるティープレスとよく似た器具が、「フレンチプレス」です。容器に粉を入れお湯をかけてしばらく置き、お湯に成分が溶け出すのを待ちます。その後、金属フィルターを押し下げ、抽出液をカップに注いだら完成。分量を守れば誰でも淹れられるため、一度使って便利さを知ったら家庭の定番になるかもしれません。

そして、「水出し」。水出し麦茶の要領で、水に浸して抽出する方法です。時間はかかりますが手間はゼロ。さらに簡単なのが全自動コーヒーメーカーです。

このように、淹れ方により味や抽出方法はさまざま。自分のライフスタイルや性格に合った淹れ方を探しましょう。

POINT

コーヒーの淹れ方は多種多様。自分に合ったものを探そう。

歴史を知れば、コーヒーを淹れるのがもっと楽しくなる

コーヒーの歴史とロマン薫る道具の話

東インド会社の貿易を通じてヨーロッパへ

コーヒー原産地でコーヒーは、果実としてそのまま食べると、元気になる作用の目的で**薬用**とするなどの利用法が古くからありました。一般の市民がコーヒーを飲料として使うようになったのは、15世紀前後のことです。

１５５４年、トルコのコンスタンティノープルに世界最初のコーヒーハウスが誕生。東インド会社の貿易を通じて、コーヒーはヨーロッパに伝わります。ロンドン、ベネチア、パリなどの都市にも**コーヒーハウス**やカフェなどが誕生し、喫茶やビジネス、社交の場として愛好されました。

やがてコーヒーはアメリカ大陸へと伝えられ、中南米でも栽培・生産がはじまります。

薬用
コーヒーについての世界最初の文献は、10世紀前後、イスラム世界の医学者による『医学集成』。「コーヒーの種子を煮出した汁は胃によく、覚醒、利尿の作用がある」といったことが記される。

コーヒーハウス
17世紀にイギリス・ロンドンで誕生。軽食のとれるコーヒー店で、社交・情報交換の場でもあった。

最初は水と粉を煮出すトルコ式だった

コーヒーの芳しい香りや、洗練された雰囲気は多くの人を魅了し、世界各地でさまざまな抽出方法が生まれました。

例えば、コーヒー伝来当初のヨーロッパでは、豆を煎って砕いた粉を水と一緒に器具に入れて**煮出すスタイル**でした。しかし、コーヒーハウスなどでは大人数分を作り置きするために、香りが飛んでしまうという問題があったのです。そこで編み出されたのが、コーヒーの粉をお湯に浸して抽出する「浸《しん》漬《し》式《しき》」。今のフレンチプレスのルーツともいえる方法です。

その後、粉を布袋に詰めてからお湯をかける方法が誕生し、フランスで流行。のちに、ブリキ職人が布の漉し袋がついたコーヒーポットを考案し、その名前から「ドンマルタンのポット」と呼ばれました。

煮出すスタイル
ヨーロッパ伝来当初は、イブリック（ジェズベ）と呼ばれるトルコ式の抽出方法であった。

ところ変われば コーヒーも変わる

また、現地の風習や食習慣に合わせて、飲み方やアレンジが多様化していったのも興味深いところ。コーヒーと同量のミルクを合わせた**カフェオレ**（フランス）、細かく挽いた豆から高温高圧のお湯で抽出するエスプレッソ（イタリア）などです。

エスプレッソは濃厚な味わいが特徴で、砂糖やミルクを使ってカフェラテや**カプチーノ**など、アレンジドリンクにして楽しむ文化も生まれました。

コーヒーの歴史がそれほど古くないアジアの国では、練乳やヨーグルトを入れるなど、自由な発想でアレンジしたコーヒーが広まりました。

スタイルは多様だが、メカニズムは2通り

このように多様な抽出方法や器具を紹介してきましたが、抽出のメカニズムによって、大きく次の2種類に分けられます。

・浸漬式《しんしき》…粉をお湯に浸して抽出する方法。フィルターなどで濾過をしま

カフェオレ
温めた牛乳にコーヒーを加えた飲みもの。

カプチーノ
エスプレッソに、蒸気で温めながら泡立てた牛乳（フォームドミルク）を加えた飲みもの。

せん。フレンチプレスなどがこの方法です。

フレンチプレスは、フランスで考案、あるいは流行したとされるポット型の器具。ポットにコーヒーの粉とお湯を入れ、プランジャーという金属フィルターで粉を押し下げ、抽出液だけを注ぎ出す仕組みです。

日本では紅茶を淹れる器具と混同されがちですが、もともとはコーヒーのためのアイテムです。

・透過式…粉の層を断続的にお湯が通ることで、液体を濾過して抽出する方法。ペーパードリップ、ネルドリップ、エスプレッソなどが、この方法です。

日本では昔からペーパードリップが主流で、ネルドリップや**サイフォン**を採用するコーヒー専門店も見られました。セルフスタイルのカフェが流行してからは、エスプレッソも広まっています。

さらに、浸漬法と透過法を組み合わせたハイブリッド型が存在します。**エアロプレス**やクレバードリッパーが代表的な抽出器具です。コーヒー抽出の世界は日々進化中。

コーヒー抽出のためだけに考えられた道具は、知恵と遊び心の結晶。集めて、使ってと、別格の楽しみがあります。

サイフォン
上下二段のガラス製容器を使う方法。蒸気の圧力で、お湯を上下に移動させながら抽出する。見た目がユニークで、演出効果がある。

エアロプレス
大きな注射器のような器具を使う。粉とお湯をしっかり混ぜ合わせたあと、空気圧で押し出し抽出する。

基本のペーパードリップ

フィルターと粉をセットし、お湯を注ぎ抽出を待つ。一連の動作は、茶道のような様式美を思わせます。淹れているときからいい香りが漂い、ヒーリング効果も抜群です。

粉とお湯の接触具合などをコントロールでき、自分好みの味を追求できる楽しみがある。

左ページ❻のお湯を落とす方法が重要。まず、粉の中心からスタートし、それから円を描くようにゆっくり、全体に行き渡るようにお湯を回しかける。粉がフィルター側面についたら、お湯内に戻すようフィルターを揺らすとよい。

茶漉しやドリップバッグでうまく淹れられるようになったら、次の段階へ。ペーパードリップはいかがですか？

ドリッパーの材質には、プラスチック、磁器や金属ガラスなどがあります。予算に合わせて好みで選んでOKです。ドリッパーは穴の数、大きさ、溝などさまざまなものがあります。構造が異なるため、コーヒーの味わいも異なります。

基本的には、

・台形型はしっかりめ
・円錐型はすっきり系
・ウェーブ型は安定系

と知っておくといいでしょう。

いくつか使って「穴が一つだとお湯の抜けが遅く、しっかりめに入る」など、経験を通じて学びながら、好みの味を探る楽しみがあります。

粉を漉すフィルターはドリッパーと同じメーカーの純正品が理想的です。

抽出方法は次の通りです。

❶お湯を沸かす（基準は92℃）
❷豆を計量する
（100㎖で6〜8gが目安）
❸豆を挽く（粉ならこの工程はなし）
❹ドリッパーにフィルターをセット
❺ドリッパーにお湯をかけて温める
❻粉をセットしお湯を注ぐ

はじめてでも、豆とお湯を正確に計量すれば失敗しません。コツは、❻でお湯を3段階に分けて注ぐこと。1回目はお湯全量の20％で豆を蒸らし、2回目に20％、3回目に残りの60％を注ぐとおいしく入ります。

POINT

初心者でも大丈夫！
豆とお湯の正確な計量が大切。

趣味性の高いネルドリップ

気分は昭和の喫茶店。淹れ方にコツがあり、道具にもひと癖ありますが、やはりネルでないと出ない味があるのです。コーヒー趣味にどっぷり浸りたいなら、ネルドリップがおすすめです。

ペーパードリップは粉の上部だけだが、ネルだと袋全体が膨らむ。ポタポタとコーヒーがゆっくり滴る様子を見るのも癒やしのひと時。

コーヒーの粉を漉すのに使う素材を、紙（ペーパー）から布に替えると、ネルドリップになります。フィルターの布は、「フランネル（ネル）」と呼ばれる素材が一般的です。

紙は繊維が緻密で、どんな微細な粉も通しませんが、ネルは目が粗いため、ペーパーでは漉されてしまうさまざまな成分まで抽出されます。それは、コーヒーに含まれるオイルなどで、できたコーヒーを口に含むと、トロリとした口当たりやまろやかさが感じられます。

「粉をセットしてお湯を落とす」という淹れ方の基本はペーパーと同じですが、「コーヒーの粉は全体的に膨らむ」「内部で対流が起こりやすい」という特徴があります。

そのため、お湯を注ぐ量やスピードやネルの動かし方など、一つひとつの判断やコントロールにより、仕上がりがまったく異なってきます。

それから、ペーパーのフィルターは使い捨てですが、ネルは再利用可能という特徴があります。

ただし、洗剤を使うと味に影響してしまうので、使うたびに水で洗浄しなければなりません。また、使いはじめたら、常に水に浸して冷蔵庫保存する必要もあり、扱いやメンテナンスには気をつける必要があります。

同じドリップでも、ペーパーより手間がかかりますが、その手間に十分見合うおいしいコーヒーが飲めるのが魅力です。コーヒー専門店のような重厚な味わいが自宅で楽しめるので、興味があればお試しを。

POINT

気分は喫茶店の店主。淹れる様子は目にも楽しい。

ビギナー向けのフレンチプレス

分量を守れば、失敗しようがないほどに簡単。器具は見た目がエレガントで、キッチンでも独特の存在感を放ちます。

電気ケトルから直接お湯を注いでも問題なし。コーヒーに含まれるコーヒーオイルもしっかりお湯に溶け、コーヒーの成分を丸ごと楽しめる。

フレンチプレスは、その名の通りフランスで生まれたとされる淹れ方。「プランジャーポット」「コーヒープレス」「カフェプレス」などとも呼ばれます。アメリカやヨーロッパでは、このフレンチプレスを使ってコーヒーを淹れる家庭が少なくないようです。

本体は筒状でガラス製。容器の中には、コーヒーの粉を押し下げて閉じ込める板状の金属フィルター「プランジャー」がセットされています。

見た目はポットの形をしていて、日本では紅茶専門店などで紅茶道具としても活躍しています（厳密にはフレンチプレスと紅茶のプレスは違うものですが、兼用することはできます）。

淹れ方は簡単で、容器にコーヒーの粉を入れそこにお湯をかけ、数分経ったらプランジャー（金属フィルター）をそっと押し下げるだけ。器具には注ぎ口もついているので、そのままカップに注いで完成。

きちんと軽量をすれば、練習も技術も必要ありません。

井崎流レシピでは、粉は細挽きで、100mlのお湯に対し浅煎りは8g、深煎りは6gと、焙煎度に合わせて分量を変えることをおすすめしています。

手順が明解なため、人ごとの味のブレが少ないというメリットもあり、フレンチプレスを採用するカフェもあります。

難度は低いのに、豆の成分が存分に溶け出し、味わいは濃厚です。その一方、細かな微粉も出るため、飲む前に茶漉しで漉すのもおいしく飲むための一工夫です。

POINT

細かいことを気にしなくても分量を守れば失敗知らず。

濃厚なコクのエスプレッソ

カフェで忙しく働くバリスタが使っているマシンは、エスプレッソマシン。圧力をかけてコーヒーを抽出するものです。ただの機械ではなく、使いこなすには訓練が必要です。

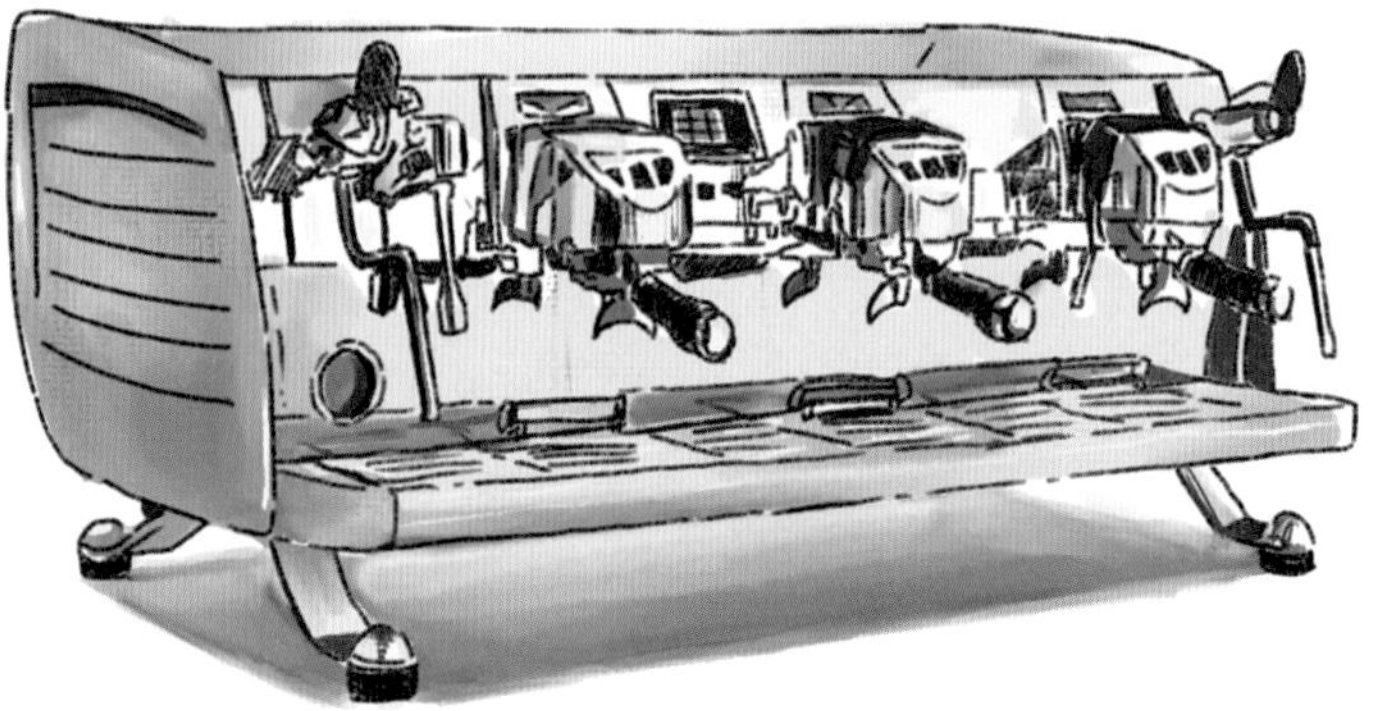

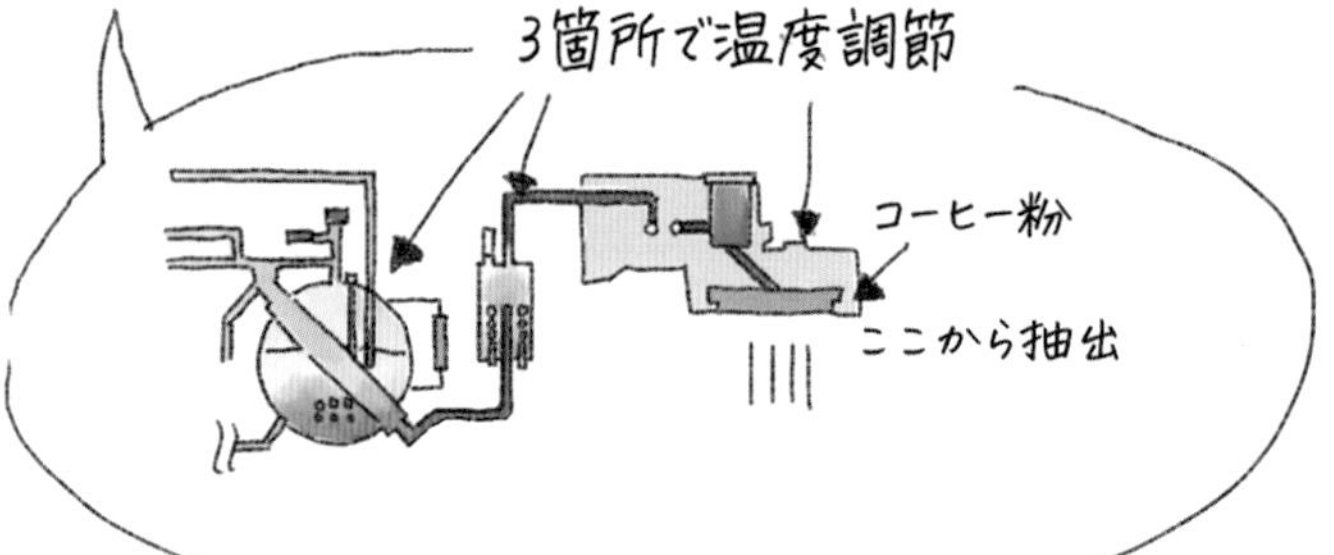

カフェで存在感を放つ銀色のかっこいいマシンの正体がこちら。このモデルは、ワールド・バリスタ・チャンピオンシップ公式マシン（イタリア・シモネリ社）。

コーヒーの粉に高圧のお湯を通して圧縮し、搾り出すように淹れるのがエスプレッソ。約100年前、イタリアで生まれたといわれています。スターバックスなどのカフェブームにより日本でもおなじみになりました。

エスプレッソは、店ではバリスタと呼ばれるスタッフが専用のエスプレッソマシンで作ります。マシンで作るとはいえ、すべてを機械任せにするわけではなく、職人的な世界です。狙った味を出すため、適切な豆を選び、焙煎度合いや挽き方、どんな機材をどのように使うかなど、判断や技術が試されます。バリスタはさまざまなコーヒーを淹れますが、エスプレッソは最も難しい抽出方法といわれています。

エスプレッソは、通常のドリップコーヒーの8〜10倍の濃度で、苦味や酸味など、複雑な味が濃縮されています。

それから、このエスプレッソをベースに、泡立てた牛乳（フォームドミルク）を使ってカプチーノを作ったり、表面に絵を描く「ラテアート」など、遊び心あふれる楽しいアレンジドリンクの世界もあります。

イタリアの家庭では、直火式の「マキネッタ」という器具を使うのが一般的です。マキネッタは日本でも数千円程度で買え、直火で淹れるのもおもしろいので使ってみる価値はあるでしょう。そのほか、火も電気も使わない手動式エスプレッソマシンもあります。

また、家庭用の電動式マシンも充実していて、フォームドミルクも作れるモデルも市販されています。

POINT

バリスタの一杯にうっとり職人技が光るエスプレッソ。

雑味がなく香りが際立つ水出し

やかんで煮出す麦茶から、水出しが主流になったように、コーヒーも水出しで手軽に淹れられます。作り方は簡単で、水にコーヒーの粉を浸しておくだけ。いい色になったら飲みごろです。

粉と水の比率や抽出時間などをコントロールすることで、自分好みの味を作ることができる。楽しみながら、味を追求していこう。

コーヒーは、水でも作れます。麦茶も昔はやかんで煮出す方法が主流でしたが、最近は手軽な水出しが好まれています。これとまったく同じ要領で、水を入れたポットにコーヒー粉入りのバッグを入れ1晩程度置くだけで、水出しコーヒーは抽出完了です。火やお湯を使わないので、暑い夏でも汗をかかずに淹れられます。

おすすめの分量は、水100mlに対し粉8〜10gが目安です。粉は中細挽きにすると、効率よく抽出され、雑味が出にくくなります。コーヒーの粉は、市販のだしパックに入れると、後処理が楽です。

「水出しコーヒーは常温で抽出するための味の輪郭がはっきりしない」などという意見もありますが、それを上回るメリットや魅力は多数あります。やはり、一番大きいのは、高温で抽出しないため、高温なら抽出されてしまうはずの好ましくない雑味が出にくいことでしょう。何よりも手軽なので、愛好者は少なくありません。

最近のおもしろいトレンドとしては、水の代わりにミルクを使う「ミルク出しコーヒー（ミルクブリュー）」があります。これは、コーヒーの粉をミルクに漬け込んで抽出するものです。いつものコーヒーに牛乳を加えたものと、ミルク出しコーヒーとで飲み比べをするのも楽しいでしょう。

ところで、水出しコーヒーには「ダッチコーヒー」という別名もあります。オランダが戦前、植民地にしていたインドネシアでコーヒー栽培がはじまったものの、オランダ人の口に合わず、水で抽出する方法が考案されたといわれています。

POINT

水に粉を入れたらセット完了。時間がおいしくしてくれる。

手間ゼロ・コーヒーメーカー

粉と水を入れ、スイッチオンで抽出完了。ズボラでも手抜きでもなんでもなく、自分のために淹れることが重要です。最近は、高性能のマシンもたくさん出ています。

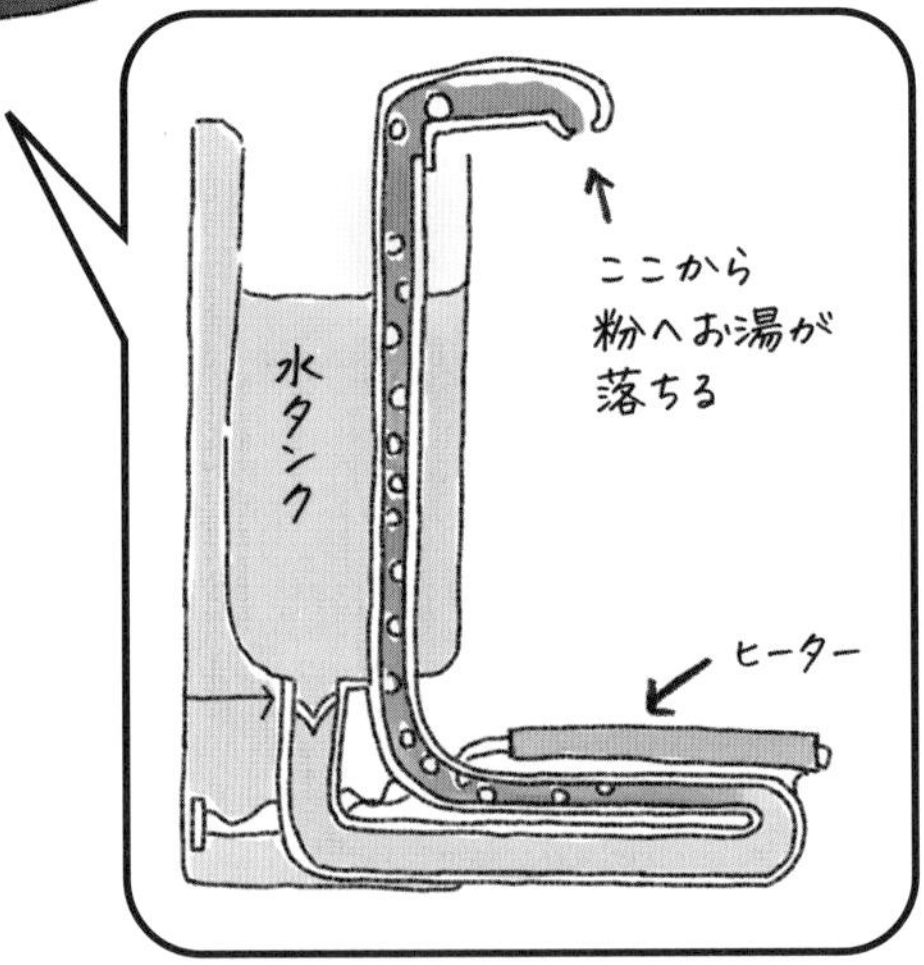

オフィスの定番だが、意外と仕組みを知らないのでは？　内部はシンプルかつ合理的。忙しい朝はマシン任せでおいしいコーヒーを。

コーヒー豆を買ってきて、水とともにマシンにセットすれば豆を挽くところから抽出までボタン一つでやってくれるのが「コーヒーメーカー」です。オフィスやファミレスのドリンクバーなどで使ったことのある人は少なくないでしょう。「全自動なんだから味もたいしたことないのでは？」と思っている人、もうそんな時代ではありません！

とあるコンビニでは、高性能のマシンを設置したことで「あそこはコーヒーがおいしい」と評判を呼び、缶コーヒーをしのぐ人気商品になったほどです。

家庭用の商品も最近は、メーカーの企業努力により性能のいいものが手頃な価格で買えるようになりました。コーヒー入門者は、ペーパードリップに入る前にコーヒーメーカーからはじめてもいいほどです。特に、忙しい朝には助かる存在なのではないでしょうか。

POINT

ミルなしタイプを選んで コーヒーは粉で淹れよう。

おいしく淹れるコツはただ一つ。「コーヒーは自前のミルで挽く」ことです。

コーヒー豆を入れると、内蔵のミルで挽いて粉にしてから抽出するマシンがありますが、あまりおすすめできません。なぜなら、どんなに高性能なマシンでも、ミルもハイスペックにすると採算が合わなくなるからです。コーヒーは粉で買ってくる、豆で買ってマシンにセットする前にミルで挽くなどすると、抜群においしく淹れられます。そのため、マシンは「ミルなし」を条件にして選ぶのがおすすめです。それ以外の選び方は最初は気にしなくてOKです。毎日使いたくなるデザインを選びましょう。

COLUMN

井崎バリスタのフリートーク③

コンビニコーヒーがおいしいわけ

COFFEE

コンビニのコーヒーは生活にすっかり浸透しました。

コーヒーは日常の飲みものなので、お客さんは、わざわざ遠いところまで買いに行きません。コーヒーを買いに行くなら、近いところがいいですよね。どんな街にもたいていあるコンビニは、最強のコーヒーショップです。

日本には、コンビニがおよそ5万店舗あるといわれています。コンビニに行けば、全国どこでも同じクオリティーのコーヒーが飲めるようになったのが現状です。

そして、コンビニ各社は企業努力を行っているので、どのコンビニも味は非常においしいです。秘密をちょっとお伝えすると、コーヒーを買うついでに買いものをしてもらえるから、原価が上がっても高品質の豆を使えるのです。日本独自の進化を遂げた全自動マシンが登場し、高性能になったのも大きいです。

さて、コンビニのコーヒーとひと言で言っても、エスプレッソ式とドリップ式が混在していることに気づいている人は多くないかもしれません。

あるコンビニでは、エスプレッソマシンを使っています。エスプレッソを抽出し、お湯で薄めて普通のドリップコーヒーのようにしているので、正確にはエスプレッソのお湯割り、つまり「アメリカーノ」となります。口に含んだときにコーヒーの粒子を感じたり、カップの底にコーヒーの粉がわずかに残ったりしていたら、きっとそれはエスプレッソマシンです。

また、あるコンビニではかなり高性能のドリップマシンを採用しています。それは、入念に調査を行った結果、「日本のマーケットはドリップコーヒーだ」と確信したからです。その後、日本人の好む味わいを追求し、微粉《びふん》の出にくいドリップコーヒーマシンが誕生しました。

エスプレッソ式のコーヒーは濃厚でコクがあり、ドリップ式はすっきりした口当たりが見事。飲み比べてみると楽しいですよ。

私が監修したハンバーガーチェーンも、コーヒーのリニューアルが大きな話題となりました。すごいのは、カフェラテにはエスプレッソのマシン、ドリップコーヒーにはドリップマシンと、使い分けて淹れるオペレーションを採用しているので、カフェ顔負けの本格的なコーヒーを楽しめます。

最近では、コンビニコーヒーの人気ぶりに学び、アパレルブランドの中には、店内にカフェスペースを設けるところも出てきました。これもコーヒーの日常性を意識し、多くのお客さんに何度も足を運んでもらうためですね。メルセデスベンツもカフェをオープンし、注目を集めています。

今後、意外な店にカフェスペースができたりするかもしれません。

3限目

淹れ方とセットで！
コーヒーの道具を知ろう

お湯を通す「透過式」、浸す「浸《しん》漬《し》式《しき》」

ペーパードリップ、フレンチプレスなどさまざまな淹れ方がありますが、「粉とお湯をどう混ぜ合わせるか」が重要です。抽出は、「透過式」「浸漬式」の2通りに大きく分けられます。

フレンチプレスに代表される「浸漬式」はこんな仕組み。蒸気圧を利用するサイフォンも浸漬式。

ペーパードリップに代表される「透過式」。エスプレッソやネルドリップも透過式。

コーヒーについて知識が深まり、あれこれと道具をそろえたくなってきているのではないでしょうか。

この章では、コーヒー道具の紹介をしますが、その前に淹れ方のおさらいです。コーヒー器具、道具にはさまざまなものがありますが、どんな淹れ方も「透過式」と「浸漬式」の2通りに分類されます。

コーヒーを淹れるということは、豆の成分をお湯に移すこと。大事なのは、「お湯と粉をどのように混ぜるか」です。

コーヒーの粉の層を断続的にお湯が通り抜けることで抽出させる方法を「透過式」、粉と水を一度に混ぜて抽出する方法を「浸漬式」と呼びます。

「透過式」では、コーヒーの粉で層を作り、そこにお湯自体の重さや圧力が加わることで、お湯にエキスが抽出されます。透過式では、次々と新しいお湯が粉を通り抜けるため、お湯を通すスピードをコントロールすることで濃度も調整できます。成分を引き出す力が比較的強いので、粉は中粗挽き～中細挽きがおすすめです。

「浸漬式」は、粉にお湯を直接混ぜ合わせる方法です。浸漬式は抽出初期に高い濃度に達しますが、抽出したお湯はエキス分が飽和し、それ以上は抽出が進みにくくなります。そのため、お湯に効率よく触れるよう、粉は表面積が大きい細挽きがおすすめです。

淹れたコーヒーを比べると、浸漬式は液体に細かな粉が混じり、透過式では粉の混じらない液体となることが特徴です。

味や淹れ方の好みで選びましょう。

POINT

粉とお湯をの混ぜ合わせ方が重要。味や淹れ方の好みで使い分けて。

知れば知るほど奥深い抽出メカニズム

透過式、浸漬式をもっと深掘りしよう

世界のコーヒーラバーが多様な淹れ方を考案

コーヒーを愛する先人たちが研究を重ねた結果、現在、さまざまなコーヒーの淹れ方や流儀があります。

粉とお湯がどのように接触するかという点からみると、浸漬式と透過式の2種類に分けられることは簡単に説明しました（P84）。それぞれの特徴をもっと詳しくみていきましょう。

その前に、焙煎のおさらいです。コーヒーを飲むためには、成分をお湯に移さなければなりません。しかし、豆の状態のままお湯に浸しても、水分が豆の内部まで浸透しません。そのため、**豆を砕いて**小さな粒（粉）にし、成分をお湯に効率よく移行させる（**抽出する**）必要があります。

豆を砕く
ミル、コーヒーミル、グラインダーなどと呼ばれる器具を使って、豆を砕き粉にする。

抽出
固体または液体の中から、試薬などを使って、特定の物質だけを取り出す操作のこと。コーヒーではコーヒー豆からお湯に成分を移し取ること。

果実酒を漬ける要領でしっかり漬ける「浸漬式」

「浸漬」とは見慣れない、聞きなれない言葉だと思います。料理の用語としては、炊飯前に米を水に浸すこと、果実酒を造るときにベースの蒸留酒に果実を漬け込んでエキスを抽出することに使います。

コーヒーにおいては、粉をお湯に浸してしばらく置く方法が浸漬式です。具体的な方法では、フレンチプレスなどが浸漬式にあたり、コーヒー豆に含まれる成分がしっかりお湯に移り、その成分由来の香りや甘味などが多く感じられるコーヒーに仕上がります。

フレンチプレスだと、液中の微粉《びふん》は茶漉しやふるいで取り除けないので、抽出後はしばらく触らずに置いておきましょう。

その後、プランジャー（金属フィルター）をそっと液面にセットして、粉がカップに落ちないようそっと注ぎます。こうすると微粉が気になりにくいコーヒーになります。

お湯が通り抜ける際に成分を取っていく「透過式」

次に、「透過」。言葉としては、「ものの内部を通り抜ける」といった意味合いです。コーヒーの粉に注がれたお湯が、お湯自体の重さで沈み、粉の層を通り抜けつつ成分を移し取り、濾過され下に落ちるという仕組みです。

浸漬式ほど時間がかからず、**オイル**や細かな粉がフィルターと、コーヒー粉の層そのもので漉されるのが特徴です。その結果、すっきりクリアな味わいになります。

ぽたぽたとしずく（ドリップ）が連続して落ちるため、ドリップコーヒーという言葉があります。

遊び心あるいいとこ取りの抽出方法

浸漬式と透過式はそれぞれメリット、デメリットがあります。いい点だけを組み合わせた、「いいとこ取り」の抽出方法も登場してきています。

2000年代になってから開発された新しい方法が、「エアロプレス」。見

オイル
豆の表面がテカテカと光ることがある。それは、豆に含まれる油のため。その成分は、油脂の一種であるトリグリセリドなど。

た目は大きな注射器のようで、器具内で粉とお湯をしっかり混ぜ合わせたあと、空気圧でコーヒー抽出液を押し出します。

独特の見た目と設計は、コーヒー専門メーカーでなく、アウトサイダーであるフライングディスクのメーカーが作ったことによるものでしょう。遊び心を感じさせるデザインですが、しっかり成分が抽出され、濃厚でコクのあるコーヒーが短時間で作れます。

このほか「浸漬式ドリッパー」という道具も登場しました。浸漬式ドリッパーは、下部にバルブがありお湯をドリッパー内に一度溜め、お湯と粉をかき混ぜることができます。ペーパーフィルターをセットするため微粉は落ちず、濃厚かつ微粉がなくすっきり入ります。カップなどの上に置くとバルブが開き、抽出液が落ちるアイテムもあります。

ペーパードリップを極めよう

シンプルな方法でありながら、何度やっても新鮮な発見と驚きがあり、飽きないのがペーパードリップ。道具もバリエーションが豊富で比較的安価なので、集める楽しみもあります。

ケトルは琺瑯（ホーロー）やステンレスなど材質は多様でデザインもいろいろ。カラーバリエーションも豊富なので、インテリアに合わせて選んでは？

【一体型電気ケトル】

【琺瑯（ホーロー）】

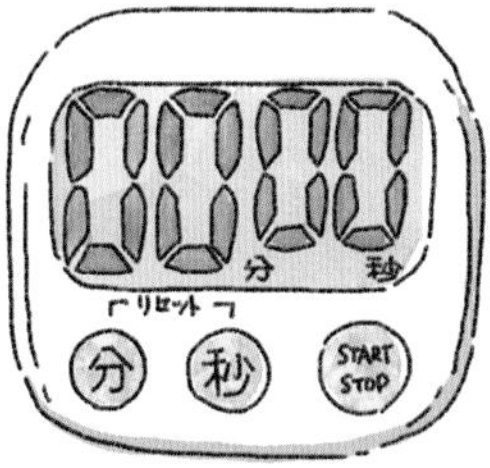

【キッチンタイマー】

一つあると何かと便利なのがキッチンタイマー。時間の管理が必要なときはタイマーをセットする習慣をつけよう。

そろそろ知識が深まり、コーヒーの魅力を体感して、楽しくなってきたころでしょう。ここでは、おなじみのペーパードリップをさらにおいしく淹れるために、あると便利な道具を紹介します。

ドリッパーとペーパーフィルターを使って淹れるペーパードリップ。道具、豆、お湯の温度、粉の粒度（挽きの細かさ）、焙煎度合いなど、一つひとつの要素が複雑に絡み合い、味を決める精緻な営みも魅力です。狙った味に淹れる、好きな味を安定的に出すためには練習が必要です。

おうちコーヒー上達のためには、ときどきカフェなどに出かけ、プロのハンドドリップを見たいもの。彼ら、彼女らが使っているドリップケトル、素敵ですよね。また、細い注ぎ口から、糸や点滴のように丁寧にお湯を落とす様子はサマになります。

コーヒー専用のドリップケトルは、琺瑯（ホーロー）製など魅力的な見た目のものが多数市販されています。

自宅で淹れるなら電気ケトルでも十分ですが、専用のドリップケトルがあれば、お湯の注ぎ方を調整しやすくなります。お湯の太さ、量、落とす場所をコントロールし、その結果どのような味になるかを確かめながら、自分好みの味に近づけていくのも楽しい作業です。

また、ドリップケトルの注ぎ口を備えた「一体型電気ケトル」もあります。

最後に、タイマー。今スマートフォンのアプリを使っているなら、タイマーに変えると便利ですよ。文字が大きく、一瞬で時間が目に入るデジタル式が使いやすいです。

POINT

必要に応じて一つひとつ道具を買いそろえるのを楽しもう。

ペーパードリップの道具あれこれ

専門店やネットショップには多彩な材質、大きさのドリッパーが市販されています。よく見てみると、穴の数やデザインも少しずつ違います。いくつかそろえて、使い比べるのも楽しいですよ。

[穴の数]

1つ

お湯が落ちるのが遅いため、お湯と粉が接する時間が長くなる。その結果、しっかりめの味になりやすい。

3つ

お湯が落ちるのが速いため、お湯と粉が接する時間が短くなる。あっさりめの味になりやすい。

[材質]

陶磁器

重さがあるが、道具として魅力がある。割れることもあるので取り扱い注意。プラスチックより保温性が高い。

プラスチック

軽く、扱いやすい。温まりにくく冷めにくいため、温度管理には向く。比較的安価なので、集めるのも楽しい。

[形]

円錐型

お湯が速やかに抜けすっきり系の味に。円錐型ドリッパーは世界中のバリスタが愛好する。

台形

お湯を注ぐと、コーヒー粉全体にしっかりと行きわたりやすい。そのため、しっかりとしたコクのある味になる。

ウェーブ形

内側に溝がある個性的な設計。お湯と粉の接触バランスがよく、初心者でも味を安定させやすい。

ペーパードリップに使うドリッパーは、1908年にドイツのメリタ・ベンツという女性が考案しました。コーヒー粉がカップに落ちないので透明なコーヒーになり、味もよいと世界中に広まりました。

その後日本でもドリッパーの製造をするようになり、ハリオ、コーノ、カリタなどといったメイドインジャパンのドリッパーが誕生しました。世界中のバリスタが愛用するドリッパーもあります。

現在、さまざまな材質、大きさ、デザインのドリッパーが市販されています。ドリッパーの違いによって味わいが変わるので、特徴を知ることで「自分好みの味」に近づけます。

比較ポイントは次の通りです。

POINT

穴の数や材質など組み合わせ次第で味は無限大!

【穴の数】

・1つ…お湯が通るのが遅いため、しっかりめの味に仕上がる傾向。穴が大きいと抜けは早くなる。

・3つ…お湯が通るのが速いため、さっぱりめの味に仕上がる傾向。

【材質】

・陶磁器…見た目がよいが重い。寒いと保温性が下がるので事前に温めるとよい。

・プラスチック…安価で軽く、抽出温度を安定させやすい。割れにくい。

【形】

・台形…湯抜けが遅いため、成分がしっかり抽出できる。

・円錐形…湯抜けが速くすっきりめに。

・ウェーブ型…フィルターとの接触面が少なく湯抜けがほどよい。

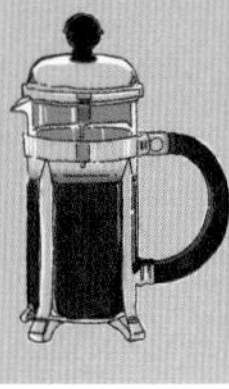

フレンチプレスは好みで選ぼう

ヨーロッパではフレンチプレスがポピュラーです。透き通ったガラス容器の中で、成分が溶け出して、お湯が次第にコーヒー色になっていく様子は、見ていて楽しいものです。

シンプルな
【ブラジル】

定番の
【シャンボール】

デザインは多様だが仕組みは一緒なので、淹れる分量から最良のモデルを選ぶ。基本的に、好きな色、好きなデザインのものでOK。

フレンチプレスは、浸漬式の代表的な方法です。器具は、筒状のガラス容器と、粉を分離させるプランジャー（金属フィルター）から構成されます。使い方は簡単で、粉を入れお湯を注ぎ、規定の時間が経ったらフィルターを押し込むだけ。

フレンチプレスは、お湯と粉の接触時間をコントロールしやすいのが特長です。これは、ペーパードリップなどの透過式が苦手とすることなので、フレンチプレスならではの醍醐味でしょう。

具体的には、軽い味にしたいときは、コーヒー粉を減らす、豆を粗挽きにする、のいずれかの操作で実現できます。逆に、濃い味にしたいときは、粉を増やす、豆を細挽きにする、のどれかを行います。

その逆に、豆の挽き方や焙煎、お湯の温度、待ち時間を同じにすれば、いつでも同じ味が出せるのもおもしろいところ。

フレンチプレスのメーカーでは、デンマークのボダム社が有名です。1944年に卸売業からはじまり、1958年にはオリジナル製品の開発もスタート。日本では、スペシャルティコーヒーの先駆的存在の丸山珈琲が採用し、人気に火がつきました。

北欧デザインらしいシンプルなものが多く、キッチンを華やかにしてくれます。サイズや色は豊富ですが、お湯に粉を「浸漬」させるだけの構造なので、デザインで選べばよいでしょう。定番は、フランスの古城の名前を冠した「シャンボール」。優雅なデザインで、設計に無駄がありません。「ブラジル」などコーヒー産地の名前を冠したシリーズも素敵です。

POINT

同じ味を出すのも味を変えるのもコントロールしやすい方法。

コーヒー道具のわき役を見直そう

専用道具ゼロからスタートし、そろそろ必要なものが見極められたのでは。コーヒー道具には魅力的なものが多いですが、スケール、フィルターといった地味なアイテムも軽視できません。

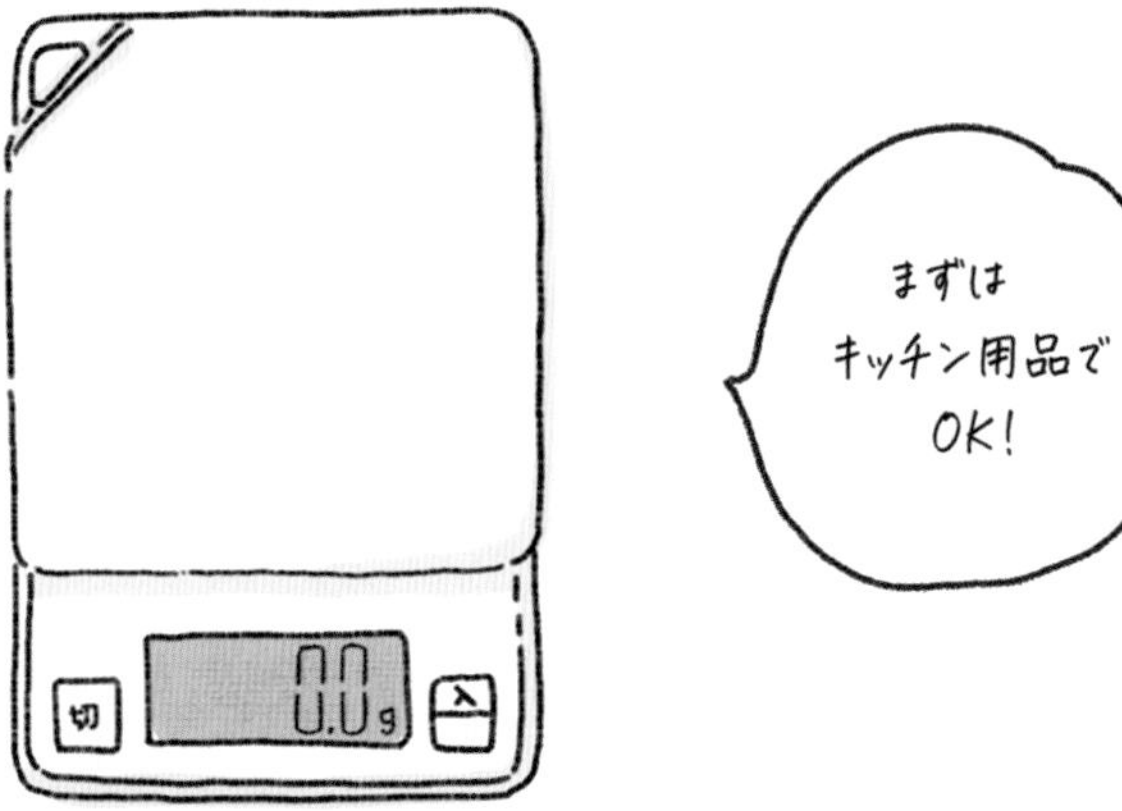

0.0g
まずは
キッチン用品で
OK!

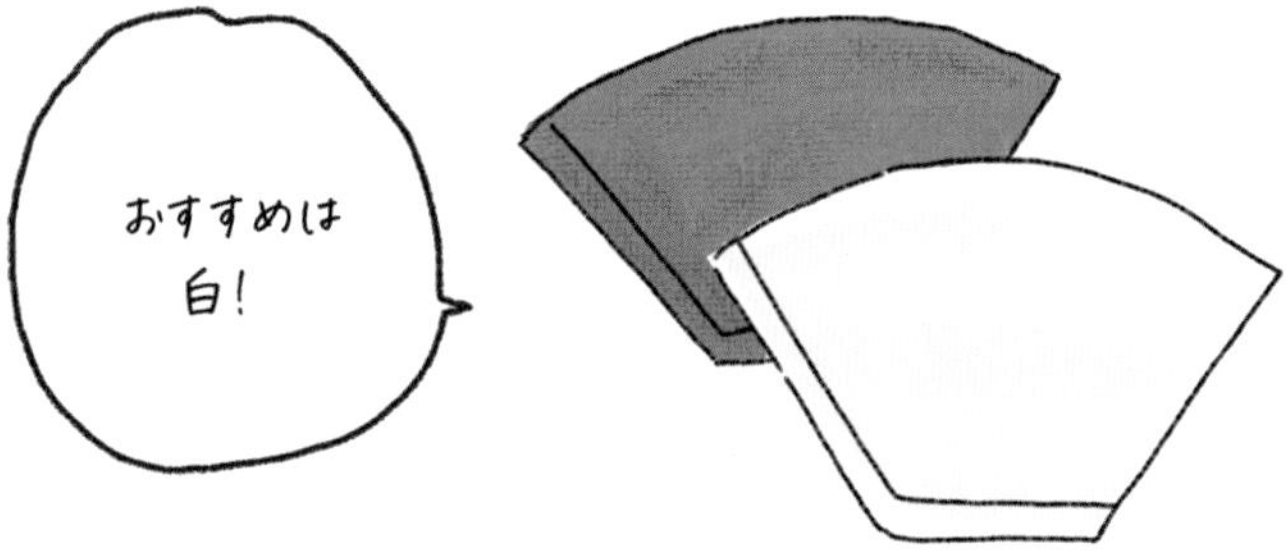

おすすめは
白!

コーヒーを飲みたいと思ったときにすぐ取り出せる場所に置かないと、モチベーションが下がるので、フィルターもストックを欠かさないように。

料理もそうですが、正確な計量ができ、レシピ通りに進められるだけで、達人への道が開けます。

経験値の足りない人ほど、規定の分量を無視したり、必要な手順を省いたりしがちなもの。また、まだ技術が足りないのに「こうしたらおいしくなりそう」などと、自己流のアレンジを加えるのもダメ。

コーヒーがおいしくならないと思っている人は、基本・王道に立ち返りましょう。

大切なのは、分量の計量です。最小表示1g、最大計量1kgといった一般的なもので十分なので、デジタルスケールを買いましょう。

道具に凝りたいなら、重さと抽出時間を1台で測れるコーヒー専用のスケールもあります。極めたい人は検討してみては。

POINT

軽視しがちな道具にこだわるとおうちコーヒーが見違える。

ペーパーフィルターも、この機会に一度見直してみましょう。今、何色のものを使っていますか?

ペーパーフィルターには漂白タイプ(白)と無漂白タイプ(茶)があります。おすすめは、紙のにおいが少ない漂白タイプ。それでも紙のにおいが気になる場合は、粉を入れる前に湯通しする方法があります。

このように、コーヒー道具には魅力的なもの、便利なものがたくさんあります。新しい道具を使ったり、レシピの分量変更をしたり、何かを変えるとき、変える要素は一つにしましょう。ほかの要素は従来通りにして、「新しく取り入れたものによって、操作性や味がどう変わったか」を検証し、使いこなしていくことが重要です。

漫画　あなたにミルはいらないかも

わ、私の高級豆がっ……
豆子ー…
楽しかったよ…
ミルがそんなに大事だなんて…
豆挽く私 イケてる私…
正直雰囲気だけのものかと思ってました
ミルがイマイチだったら私ずっとイマイチなコーヒーしか飲めないんですか？
イマイチ
豆も？ 私も？
はい。
その通りです
でも解決策があります
おまかせください！
豆は買ったお店で挽いてもらいましょう！
その手があったか！
店員さんは豆に詳しいので
なんにもわかりません
ハイ
なんでも相談できますし
どう淹れるのかなどプロの目線で判断して挽いてくれますよ
ネルならこの挽き方！など

ミルにもいろいろあります！
飲む前に挽くのがベストですが
それは高性能のミルがあってこその話です
電動ミル
手動ミル
ご自身のライフスタイルや
性格に合わせて選ぶとよいかもしれません
私ならどうだろう…
くれるの？
手回しのミルに憧れつつも…
確かに電動のほうが向いてそうですね
実際は電動のほうが合ってるな…
遅刻するぅ！
ただミルには本当にさまざまな種類があります

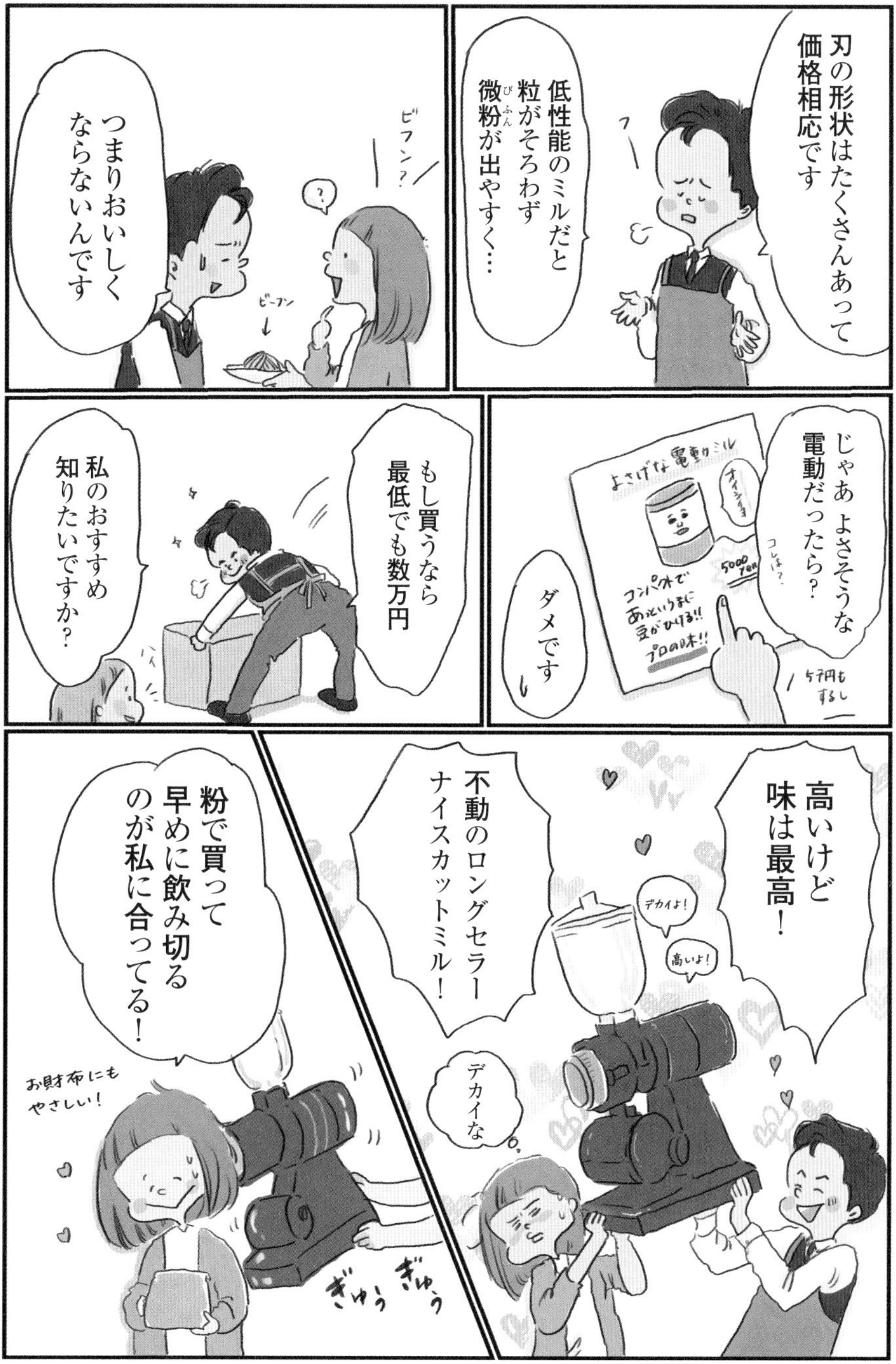
刃の形状はたくさんあって価格相応です
低性能のミルだと粒がそろわず微粉《びふん》が出やすく…
ビフン？
？
ビーフン
つまりおいしくならないんです
じゃあよさそうな電動だったら？
よさげな電動ミル
コレは？
5000yen
コンパクトで あっというまに 豆がひける!!
プロの味!!
ダメです
5千円もするし
もし買うなら最低でも数万円
私のおすすめ知りたいですか？
ハイ
高いけど味は最高！
不動のロングセラーナイスカットミル！
デカイよ！
高いよ！
デカイな
粉で買って早めに飲み切るのが私に合ってる！
お財布にもやさしい！
ぎゅう ぎゅう

COLUMN

井崎バリスタのフリートーク④

コーヒーは缶？ ペットボトル？

コンビニコーヒーが存在感を増す一方で、缶コーヒー市場は横ばい状態です。

理由としては、タバコを吸いながら飲むものだった缶コーヒーのニーズが減ったからでしょう。その代わりに、携帯性に優れたペットボトルコーヒーが存在感を増しています。

まず、サントリーのクラフトボスはマーケットを変えました。缶コーヒーのように開けたら一気に飲むのではなく、何度かに分けてチビチビ・ダラダラ飲む「チビダラ飲み」の文化ができています。

このチビダラ飲みに合うよう、味は非常に薄くなっています。濃度が薄くて飲みやすく、時間が経っても味が変わりにくいレシピは見事です。「持ち運びができず、一気に飲み切らなければならない」という缶コーヒーの欠点を、ペットボトルコーヒーはうまくカバーしています。

ペットボトルコーヒー流行の傍らで、「猿田彦珈琲」や「丸山珈琲」のような名門ブランドがペットボトルコーヒーをプロデュースする流れもあります。猿田彦珈琲はジョージアの缶コーヒーを監修したこともあり、商品設計は巧妙です。カフェで出てくるようなアイスコーヒーに劣らない香りと味わいで、満足感があります。

ボトルのデザインにもぜひ注目してみてくださいね。飲み口が少し広くなった「ショートボトル」という形状のものがあります。この形だと香りがちゃんと立ち上がってきます。

こうした優れたコーヒーブランドが市販品を出す動きは、アメリカからはじまりました。

アメリカには「スタンプタウン・コーヒー・ロースターズ」という名門ロースターがあります。アメリカのコーヒートレンドを牽引する「御三家」に名を連ねています。このスタンプタウンがコールドブリュー、つまり水出しのコーヒーを缶コーヒーにして売りはじめました。これがバカ売れして、それに続いて別のメーカーからも、さまざまな商品がリリースされました。

アメリカのコーヒーの進化はすさまじく、世界に先駆けて、植物性ミルクを使ったアレンジドリンクが豊富に登場しています。マカデミアナッツミルクやココナッツミルクを使ったラテは特に人気です。ユニークな市販品がたくさん登場し、高品質のコーヒーを買って楽しむ動きが活性化しています。

ペットボトルコーヒーなどの市販品は「安かろう悪かろう」だった時代もありますが、今は技術や流通が革新し、本格的なコーヒーに劣らないクオリティーのものも増えています。人々のライフスタイルの変化に応じて進化している部分も大きそうです。

4限目

運命の味に出会う
コーヒー豆の選び方

苦いと酸っぱいはどっちが好き?

最高の豆との出会いのためには、「自分の味の好みを知ること」が肝心。普段の食事では、酸味系の味と、苦味系の味、どっちがお好きでしょう?

ナチュラルワインが
好きだし
コーヒーの酸味も
口に合うかも!

あなたの味覚はどちら寄り?

苦味寄り味覚	酸味寄り味覚
ホップのきいたビールが好き	ナチュラルワインが好き
ビターチョコが好き	ミルクチョコが好き
魚などの焦げが好き	発酵食品が好き

朝のコーヒーがおいしくて、「これこれ、この味！」と思えたら毎日、それだけで幸せです。そのための最初の一歩は、「自分の味の好みを知ること」です。

生豆の香りと焙煎豆の香りについては研究が進んでいますが、焙煎によってどんな成分ができるのかについては、未解明の部分があります。ただ、化学的には複雑で、緻密なメカニズムが働き、独特の芳しい香りができると考えられています。

焙煎したコーヒー豆には複雑なフレーバーがあり、フルーツ系、フローラル系、ナッツ系、スパイス系などと表現されます。ただ、実際のコーヒーの味わいを、「フルーツ系」「フローラル系」などという言葉で的確に表現できるようになるには、特別なトレーニングが必要です。

POINT

食べものや飲みものの好みから自分の味覚を把握しよう。

まずはシンプルに、「苦い」か「酸っぱい」の2軸で考えて、コーヒー豆を選ぶための自分の好みの方向を学びましょう。

となると、自分の味覚の好みを知ることからスタートです。苦いものと、酸っぱいもの、どちらが好きですか？

普段からチョコレートはビター、ビールもホップのきいた苦いものが好き、といった場合は、苦味の強いコーヒーを好むだろうと想像できます。

発酵食品やナチュラルワインが好きなら、酸味が特徴的なコーヒーをおいしく感じる可能性が高いです。

特に、苦味は人間にとって、中毒性などを連想させる味のため、それまでの食に関する経験値や、苦味に対する耐性が鍛えられているかどうかにより好みに差が出ます。

苦いものが好きな人の豆選び

苦味が好きな人は、その店で一番苦い豆を飲んでみましょう。最高においしいならゴール、苦すぎたなら2番目に苦い豆へ、もっと苦いほうがいいならお店をチェンジ。こうやって探していきます！

苦味が強いコーヒーの楽しみ方

- ☑ ビターチョコと合わせて楽しむ
- ☑ クリームたっぷりのスイーツと楽しむ
- ☑ こってりとした食事のあとのリフレッシュ
- ☑ 牛乳と合わせる

ここからは、店に出かけて豆を選ぶ方法のシミュレーション。まず、苦い味が好きな人のためのコーヒーの探し方です。お店はスーパーやコーヒー専門店など、どこでも大丈夫。

店に出かけたら、「一番苦い豆をください」と聞きます。聞ける人がいないなら、「深煎り」と書いたもの選んでもいいでしょう。焙煎してくれる店なら、「かなり深めに焙煎してください」とオーダーします。

次に、買った豆や粉を淹れて飲んでみて最高においしいなら、そこでゴール。「苦くてダメ」なら同じ店で、2番目に苦い豆を買って試します。「もっと苦いほうがいい」なら、その店にはそれ以上苦い豆はないので、店を変え、新しい店でさらに苦い豆を探します。

POINT

苦いもの好きでも、限度はある。どのレベルまでOKか調べよう。

このような方法で、「自分がどれくらいの苦さを許容できるか」を確かめます。また、その店のコーヒー豆のバリエーションや味の振れ幅を知る目的もあります。店選びも、運命の豆探しにおいて重要なファクターです。

そんなふうに運命の豆探しをしていると、例えば「深煎りのゲイシャがおいしかった」「コロンビアの深煎りが好き」などと、わかってくることがあります。

このように、苦味を軸にしてさまざまな銘柄の豆に触れ、味覚と感性にフィットする運命の豆を探していきましょう。

その中で、コーヒー豆の生産処理の方法による味の違い、品種による味の違いなど、苦味以外の要素についても、理解を深めていけるでしょう。

TIPS FOR
GOOD
COFFEE

酸っぱいものが好きな人の豆選び

酸っぱいものが好きな人は、浅煎りの豆がお好きかも。店で一番酸っぱい豆を飲み最高ならゴール。酸っぱすぎるなら2番目に酸っぱい豆へ、さらに酸っぱいほうがいいなら店をチェンジ！

酸味系コーヒーの楽しみ方

- ☑ 蜂蜜を入れて香りを楽しむ
- ☑ フルーツを使ったスイーツと楽しむ
- ☑ 朝の寝起きの１杯に！

一番酸味が強い豆をください。

コーヒーにはランクがあり、現在は「スペシャルティコーヒー」が高品質なコーヒーとされています。明確な規格や認証はありませんが、「栽培から淹れ方まで、徹底した品質管理をし、個性的な風味や味わいを持つコーヒー」といった意味合いでとらえておけばよいでしょう。

その流れの中で、コーヒーの味の中でも酸味への注目が増しました。これまで、コーヒーの酸味は「酸化」と結びつけられマイナスのイメージもありました。しかし、コーヒーはコーヒーノキという植物から作られるものであり、熟してから実を収穫し生産処理や焙煎、抽出をすれば、心地よい酸味が楽しめます。

日常的に、酸っぱい食べものや飲みものが好きな人は、酸味系のコーヒー豆が合うかもしれません。

POINT

酸っぱい豆はどのレベルまでおいしく飲めるかチェック。

豆選びのステップは次の通り。

❶店で一番酸っぱい（浅煎り）の豆を試す
❷物足りなければ店を変えて、一番酸っぱい豆をオーダーする
❸酸っぱすぎたら、❶の店で2番目に酸っぱい豆を試す

新しい店やコーヒー豆を探すことは、あなたの時間を豊かにしてくれます。最近では、ネット通販を行うコーヒーショップも増えました。気になる店を見つけたら、「お試しセット」や「飲み比べセット」といった多種類を少量ずつ同梱したセットを試すのもおすすめです。日本中のコーヒーショップが集まるイベントも活況。会場で飲み比べしながらショップを探すのもいいでしょう。オンライン開催もあります。

コーヒーの味はこうして決まる

コーヒーの苦味、酸味の正体を知ろう

コーヒーの味は何からできているの？

「コーヒーの苦味はカフェインのせい」というイメージを持っている人も少なくないでしょう。確かにカフェインには苦味もありますが、それだけではありません。カフェインレスのコーヒーにも、苦味はあります。苦味のもととなる成分はさまざまです。

現在は研究が進み、科学的に解明されて、**クロロゲン酸**という物質などが作る褐色色素によるものとわかっています。

では、酸味は？　焙煎前の生豆には**クエン酸**などの酸味に関係する成分が含まれていますが、これらがコーヒーの酸味となるわけではありません。コーヒーの酸味の正体は、焙煎により生じる**キナ酸**などです。

クロロゲン酸
コーヒーの実に多く含まれる、苦味のある物質。コーヒーのほかゴボウなどにも含まれる。

クエン酸
柑橘類などの果実にも含まれる物質。爽やかな酸味がある。

キナ酸
キナノキ（アカネ科の常緑高木）の樹皮などに含まれる物質。かすかな酸味がある。

焙煎の進行度と酸味の関係は？

コーヒーの苦味や酸味は、コーヒーの品種や品質、焙煎方法などにより変わってきます。

酸味は、焙煎後すぐに生まれますが、さらに焙煎が進むと酸味は減り、苦味が生まれてきます。つまり、焙煎が浅ければ酸味が強く、焙煎が深ければ酸味は弱くなります。ただし、豆の品種や品質によって、酸味の出方は異なってきます。

酸味の爽やかなコーヒーが好きなら浅煎り、苦めのコーヒーが好きなら深煎りを選ぶようにすると、好みの味に近づけます。

いい酸味と酸化した味ってどう違う？

近年のコーヒーブームにより、酸味系のコーヒーがもてはやされるようになりました。一方で、「酸味＝酸化」のイメージもあります。事実、焙煎後、豆に酸素が触れるたびに、品質が低下します。その結果、好ましくない酸味が出ることがあります。飲んで心地よいと感じる酸味はおおむね**よい酸味**です。

よい酸味
コーヒーでは、オレンジやレモンなどが、好ましい酸味の表現として使われる。

まずは焙煎度合いをチェックしよう

コーヒー豆を自分で選ぼう

さあ、好みのコーヒー豆を買いに行きましょう。コーヒー豆の販売もするカフェや喫茶店、自家焙煎のコーヒーショップなどが生活圏内にあれば最高ですね。ですが、スーパーでも十分です。最近では、ネット通販も便利です。

焙煎度合いを確認し、次に生産国

店頭に並んでいるコーヒー豆のパッケージのうち、最初に見るべきものは**焙煎度合い**です。**深煎り**、**中煎り**、**浅煎り**などといった情報です。

これについては、「深煎りは苦め、浅煎りは酸っぱめ、中煎りはその中間」というのが、大まかな判定方法です。

「自分は普段から苦いビールを飲むから、苦い豆でもいけそうかな」などと想像しながら豆を買って、淹れてみましょう。

焙煎度合い
焙煎の程度は浅い順に、❶ライト、❷シナモン、❸ミディアム、❹ハイ、❺シティ、❻フルシティ、❼フレンチ、❽イタリアン と8段階表記されることが多い。❶❷が浅煎り、❸❹が中煎り、❺〜❽が深煎りと称される。ただし、規定があるわけではなく、店により基準は異なる。

焙煎度合の次は、生産国をチェック。スーパーで売られているような、それほど高価でない普通の商品でも、生産国は必ず表記されています。よく見かける生産国は、ブラジル、コロンビア、エチオピアなどでしょう。「朝の会 キャラクターで覚えるコーヒー豆図鑑」では、おなじみの生産国と味の特徴を紹介しています。出かける前に予習しておくと「あ、あの豆か。確か、フルーツのような香りが特徴と書いてあった！」などと、味の見当がつき、豆選びが楽しくなると思います。

店頭のコーヒーを見ていると旬がわかる

ここから紹介するように、コーヒー豆選びにはセオリーがあります。想像通りの味に出会う、自分の好きな味の豆に出会うのは何よりの喜びですが、偶然の豆との出会いも、また素晴らしいものです。

なぜなら、コーヒー豆は農産物。その年ごとの出来・不出来のほか、**旬や収穫期**という要素もあるからです。

旬や収穫期
収穫期は生産国によって異なる。中米であれば、在庫状況や輸入方法にもよるが、夏～秋ごろ。

コーヒー専門店だと、置いてある豆はいつも同じではなく、時期により入れ替わっているはずです。

例えば、コスタリカなどの中米のコーヒーであれば、12月ぐらいに収穫がはじまり、脱穀などの生産処理を経て輸出をし、秋口ぐらいから日本の店頭に並ぶのが一般的な流れです。

それが、「コーヒーの旬」のようなもの。

店頭で「新発売」という触れ込みで販売される生産国や銘柄を眺めているだけで、コーヒーの旬が見えてくる楽しさがあります。

ということは、「この豆は最高」と思えたものでも、その年の在庫が切れたらおしまいです。そのため、まだお気に入りの生産国や銘柄が決まっていないなら、いつもの店に新入荷された順番に飲んでいくのもおもしろいものです。その中で、「コスタリカやコロンビアなどの中米の豆が口に合うみたい」などと、傾向がわかってくると思います。

コーヒーの生産処理を手掛かりに選ぼう

「エチオピアの豆を買ってみよう」と店に出かけたとします。エチオピアの豆が複数あるとしたら、次に見るべきデータは、**生産処理**（プロセス）です。**「ウォッシュド」「ナチュラル」**などの方法があり、味を探す手掛かりになります。（詳しくはＰ１１６）何もわからなくてＯＫ。いくつか豆を買って味をみるうちに、「自分がおいしいと思う豆はナチュラルと書いてあることが多い」などと、理解していけばよいのです。

生産処理
実（コーヒーチェリー）から種を取り出し、乾燥・脱穀などの作業を経て生豆（なままめ）に加工すること。プロセスとも呼ぶ。

ウォッシュド
収穫した実を水に浸けてから生産処理を行う方法。

ナチュラル
収穫した実をそのまま乾燥させ生産処理を行う方法。

そのまま乾燥か、水に浸けるかで味が一変！

コーヒー豆の生産処理も味の決め手

生産処理は主に2種類

生産国や焙煎など以外に、味わいに影響するのが、生産処理です。果実から種を取り出し、皮をむいて**生豆**に加工することです。

生産処理にはさまざまな方法があり、コーヒーに多様なフレーバーを与えます。

代表的な方法として、次の2種類を知っておきましょう。

・ナチュラル（天日干し）
・ウォッシュド（水洗処理）

ナチュラルは果肉などがついたままの実（コーヒーチェリー）を乾燥させる方法で、水が豊富でない地域でも行われています。

ウォッシュドは実を水槽タンクに入れ、発酵させてから果肉などを取り

生豆
「なままめ」と呼ぶのが正式。生産処理を終えた生のままの豆。焙煎をしないと飲めない。

除き、乾燥させる方法です。大量の水が必要となるため、水が乏しい地域などでは採用できないこともあります。

また、ウォッシュドとナチュラルの混合型である「パルプドナチュラル」という方法もあります。さらに、国だけでなく地域により、これ以外の多様な方法や呼び名があり、統一された基準はありません。

生産処理から味の想像ができれば最高

「ブラジルはナチュラル方式で生産処理されることが多い」など、生産国ごとに主流となる生産処理方法があり、フレーバーに大きく関係します。難しく考えたり、覚えたりする必要はありませんが、「好きなコーヒーはナチュラルと書いてあることが多い」程度に知っておくといいでしょう。ブラジルはナチュラル、ケニアやエルサルバドルはウォッシュドが多く、エチオピアではどちらも多くみられます。

ナチュラルはコクや香りが濃厚、ウォッシュドはクリーンな味わいに仕上がる傾向があります。

パルプドナチュラル
実から機械で果肉を取るが、種の周りのネバネバの物質をつけたまま乾燥させる手法。コスタリカの「ハニープロセス」もこの類。

フレーバー
食品を口に入れたときに得られる香りや風味などの総合された感覚。転じて、そのような効果を現す物質のこともフレーバーと呼ぶ。

ジャスミン？ ピーチ？ 味覚を探求

コーヒーの多様な味の表現を学ぼう

こだわりのコーヒーショップに出かけると、香りについて「ジャスミンのような香り」「ピーチを思わせるフレーバー」などといった表現を目にすることがあります。

もちろん、実際にそれらの果汁や香料が入っているわけではありません。ただ、その豆の焙煎度合いや酸味が、それらの香りを連想させるという意味です。

その表現は、**「フルーツ（果物）系」「フローラル（花）系」**など、多岐にわたりますが、コーヒーは国境を越えて取り引きされるものです。その結果、「ピーチのような香り」と表現したところで、国によりピーチの品種や糖度は多種多様です。文化や食習慣などの影響を受けやすいため、絶対的な表現は困難です。

そのため、世界の人が共通認識を持ちやすいよう、コーヒーのフレーバーをホイール（車輪）のようなチャートで示した**「フレーバーホイール」**が

フルーツ（果物）系

酸味から連想されるフレッシュなフレーバーの表現。焙煎度合いの浅い豆から感じやすい。

フローラル（花）系

コーヒーの花はジャスミンに似た香りといわれ、花のような香りを感じさせるコーヒー豆がある。ただし、焙煎で蒸発してしまうため、浅煎りのほうが感じやすい。

開発されました。アメリカのスペシャルティコーヒー協会とワールドコーヒーリサーチが共同で作成したものが有名です。すべて英語表記ですがネット上で見られ、日本の愛好家による解説記事もあり、読むと見識が広がります。

ゴムや石油のにおい？楽しく味の表現を磨こう

ただ、難しく考える必要はありません。「ゴムや石油のにおいなんてあるんだ？」と表現の幅を学んだり、「ピーチっぽい」「ウイスキーっぽい」など、同じコーヒーを飲みながら他人と意見交換するのも勉強になるでしょう。

覚えておくと役に立ちそうなのは、次です。

・フルーツ（果物）系…ベリー系、レーズン、ピーチ、オレンジなど
・フローラル（花）系…ジャスミン、ローズ、カモミールなど
・ナッツ系…アーモンド、ヘーゼルナッツ、ピーナッツ
・ココア系…チョコレート、ダークチョコレート
・スパイス系…クローブ、シナモン、ナツメグ、アニスなど

フレーバーホイール
香りや味わいなどの表現を、似た香り・似た味わいのものを近くに配置した円形のチャートのこと。ワインやウイスキーなどにもある。

ゴムや石油のにおい
好ましくないフレーバーについてゴムや石油、木、カビ、湿気のような表現がある。

ブレンド豆の味を想像しよう

カフェやコーヒーショップで、「ブレンド」という言葉を目にします。異なる種を複数ブレンドして使うことも多いのです。配合を見て、どんな味か想像できるようになりましょう。

パッケージから味を想像し、淹れて確認。これを繰り返すと、目利き力が養われる。失敗してもブレンドして使うなどしてリカバーできる！

「スペシャルブレンド（ブラジル・エチオピア）」とある。ブラジルはブレンド豆の定番ベースで、味や香りの主張は少なめ。２番目にくる豆（ここならエチオピア）が味の特徴となりやすい。

コーヒー豆は複数の種類がブレンドされた状態で販売されることがほとんど。そのため、さまざまな配合の豆が市販されるわけですが、種類が多すぎて何を選べばいいの？　と迷いますよね。知っておくべきこと、チェックポイントは次の通りです。

・「○○ブレンド」の○○に豆の産地や品種、銘柄などが表示されていたら、その豆が30パーセント以上使用されている。

・ブレンドはベースになる豆（先頭に書かれるもの）の個性が出やすい。多くは、飲みやすいブラジルが選ばれる。

・深煎りは苦め、浅煎りは酸味系の味わいになりやすい。中煎りはその中間。

例えば、パッケージに「ブラジル・エチオピア」とあったら、飲みやすいブラジルがベースでエチオピアの香りがアクセントだろうと推測できます。

キャッチコピーで「コクと酸味のまろやかな味」などとあっても参考程度にしておきましょう。まずは飲み、また違う銘柄を試して五感で覚えていきましょう。

まずは、店の名がついたブレンドは店の〝顔〟的商品。ここからはじめてみるのも手です。

焙煎日のチェックも欠かせません。購入後常温保存するなら、焙煎後2週間以内が品質が劣化する前に飲み切れるタイミングです。焙煎からしばらく経ったものはあまりおすすめできません。

「オリジナルブレンド」として、お店の名前を冠にしたコーヒー豆を試せば、「その店の味」を知ることができるでしょう。

POINT

店の名前がついた「○○ブレンド」から試してみよう。

飲むたびに「自分の味」に近づく

好きなコーヒーの特徴を覚えていこう

コーヒー豆がブレンドされた状態で売られることが多いのは、Ｐ27で説明した通りです。その場合、パッケージには含まれる分量が多い順に生産国が記載されています。

さまざまな豆の選び方があり、コーヒーは嗜好品なので、絶対的な正解はありませんが、自分の好みの指標としてわかりやすいのは「生産国」でしょう。

店で店員さんと話したり、ネットで情報収集したりしながら、さまざまな国の多様なブレンド豆を自分の判断で選んで、試してみましょう。そんなことを何度か繰り返すうちに、なんとなくでも「**ブラジルメインのブレンド**が口に合うな」「自分は**エチオピアメインのブレンド**をおいしいと思ったことがあった」など、好みがわかってくると思います。

そういうインプットがあらかじめあれば、店でさまざまな選択肢がある

ブラジルメインのブレンド
ブラジルはブレンド豆のベースの定番。ブラジルメインのブレンドは、酸味が控えめで飲みやすいものが多い。

エチオピアメインのブレンド
エチオピアの豆の特徴から、エレガントな香りと酸味が楽しめると推測される。

ときでも、上手にコーヒーを選べるようになります。

最初は、「コロンビアの浅煎り！」のように限定的でなく、ぼんやりとした状態でも大丈夫。いろいろ飲んで、経験値を上げていくことが重要です。

生産処理やその国の栽培状況など、さらに深いことが知りたくなったら、さらに専門的な店に出かければよいのです。

また、自分の**食の好み**に合わせて選ぶ方法もあります。「自分はビールでも苦めのタイプが好きだから、コーヒーも深煎りで苦めのものが気に入るかもしれない」と考え、深煎りのコーヒーを探してみるような方法です。

その場合は、コーヒーショップなどに行き、「自分は深煎りのコーヒーを選んでみよう。深煎りを前提に、どんな個性のあるコーヒーが気に入るだろう？　酸味があまりなく、飲みやすいブラジルなどがいいかも」などという方針で探してみましょう。

食の好み
酢のものや梅干しなどの酸っぱいもの、ビターチョコレートやビールなどの苦いものは最初はなじみにくいが、繰り返しの学習効果によりおいしさを習得することが多い。食経験により味覚が鍛えられると、好むコーヒーの傾向が変わることもある。

TIPS FOR
GOOD
COFFEE

コーヒーの味は水で変わる

コーヒー豆の持ち味を存分に引き出すためには、水選びが欠かせません。日本の場合は、水道水を使えるという利点があります。浄水器を使うなどのポイントを交えてご紹介。

水って
どう選べばいいの？
ミネラルウォーター
がおすすめ！

コーヒーの成分はほとんど水。水のよしあしは当然、味を左右する。水道水なら浄水器を通したものを使いたい。

コーヒーは、豆に含まれる成分をお湯に移す飲みもので、その正体はほとんど水です。そのため、どんな水を使うかは味に大きく影響します。

水の性質を示す指標には、「硬度」（カルシウムやマグネシウムの含有量を数値化したもの）と「pH」（水素イオン指数のことで、物質の酸性度を示す）があります。

最初は難しく考えず水道水からはじめても、問題ありません。

ただ、水道水は浄水器を通してから使うことをおすすめします。もしくは、お湯を沸かす時間を長めにして、カルキ臭をしっかり取り除いてから使うのも有効です。

「もっとおいしく淹れたい」「水によってどれぐらい味が変わるか確かめたい」なら、ミネラルウォーターを検討してください。

POINT

水道水なら浄水器を通して！
ミネラルウォーターも検討しよう。

日本の水道水は、世界的にみるとコーヒーとの相性は素晴らしいのですが、土地や季節により成分に微妙な違いがあります。また、塩素や水道管のサビなどが含まれている場合があるからです。そのため、硬度を含め、品質が常に安定したミネラルウォーターのほうが水道水より味にブレが出にくいというメリットがあります。

ミネラルウォーターを選ぶコツは、カルシウムとマグネシウムの含有量を示す「硬度」です。ペットボトルのラベルを見ると数値が必ず記載されています。

コーヒーを淹れるのに使うには、30～100が理想的と考えられています。これより硬度が極端に高い水などはコーヒーには向きません。

TIPS FOR
GOOD
COFFEE

コーヒー豆は冷凍保存がベスト！

コーヒーは常温だと2週間ほどで鮮度が落ちるため、家庭では保存方法への配慮が大切です。コーヒー豆の保管について、科学的な研究の結果、「冷凍保存」が最適ということがわかりました！

密閉性・遮光性に優れた袋に入れ、真空で冷凍保存すれば、理論上は半永久的に保存できるとか。場所がない場合は冷蔵庫でも可。

買ってきたときの
袋でいいんだって！

コーヒーは、買ってきてから自宅で常温保存すると、2週間ほどで鮮度が落ちてしまいます。野菜やフルーツなどと同様に、適切な方法で保存しなければなりません。

コーヒーの保存方法については、「袋ごとキャニスターに入れて冷蔵庫で保存」「日本茶の茶缶に移し替えるのがいい」など、さまざまな説があります。最近、科学的な研究の結果、1つの解が示されました。それは、「豆の状態であれば「冷凍庫で保存するのがベスト」ということです。

そして、「豆の出番が来て冷凍庫から取り出して淹れるときも、「豆を解凍することなく、凍ったままミルに入れて粉にする方法でOK。ワールド・バリスタ・チャンピオンシップでも凍らせた豆を使う出場者もいるほどです。

ただし、家庭用の冷凍庫にはさまざまな食材が入っています。そのため、においが移りやすいという大問題があります。これは、密閉度の高い保存容器や真空パックに入れることで解決できます。販売時のパッケージでも内側にアルミ箔が貼られてありチャックがあれば、保存に向いているので活用しましょう。空気を抜いてしっかり閉じれば品質の劣化は遅くなります。

冷凍庫では、コーヒー豆だけではありませんが、庫内の水分が細かな氷に変わって付着しがちです。いつの間にか分厚い霜がついて驚くあの現象です。そのため、外気が入ってこないよう密閉しましょう。

粉の状態で買ったなら時間との勝負です。1週間以内に飲み切りましょう。

POINT

農産物だから野菜のように取り扱ってあげよう。

恋もコーヒーも時には冒険が必要!?

運命の豆以外に楽しみはあっていい

コーヒーの究極的な目的は、飲むことではなく、丁寧に淹れることで心を安定させる**マインドフルネス**的な行為にあるかもしれません。

コーヒーの知識を深めるために生産国や淹れ方を知りたい、技術を磨きたいという人は増えていますが、多くの人が「丁寧に暮らすこと」の象徴としてコーヒーを求めているのではないかと思っています。

コロナ禍のため「カフェインの摂取量が前年比120%になった」という報告もあります。このような傾向は、情報過多の時代に心の平安を求めていることの証拠といえそうです。

自分の味覚、感性に合うコーヒーを見つけられれば、**QOL**がぐんと急上昇。例えば、ネット通販で何気なく買った豆が気に入り「これこれ、この味！」と、淹れるたびにおいしく思えたなら人生はハッピー。

マインドフルネス
今この瞬間の思考、行動、身体反応などに深く意識を向け、集中している心の状態のこと。

QOL
クオリティ・オブ・ライフ quality of life（生活の質）の略。生きがいや幸福感など、精神面の充実も含めた概念。

シンプルに考えればコーヒーはなんでもいいのです

豆選びにおいて、「この豆は最高」と確信できるまでには、長い時間がかかります。そのため、多くの人が途中であきらめてしまうのです。それでも、気長に探していていれば、きっと運命の豆と出会えるはず。

運命の豆が見つかったとしても、たまには冒険したくなるもの。恋愛と一緒で、好みの異性（同性でも）ばかり追いかけるのではなく、時には違うタイプを追いかけてみることも、味覚の冒険です。「苦味系が好きだと思っていたのに、酸味系のコーヒーを買ったら気に入り、以来自分の定番になった」というのも、素敵なハッピーエンドです。逆に、「結局自分にはこの味しかなかった」という気づきだって素晴らしいものです。

隣の芝生が青く見えるなら、その芝生に行ってみないとわかりません。恋愛での冒険はスリリングですが、コーヒー豆選びならなんのリスクもなし！

豆選び
商品の回転率がよく、置いてある銘柄がよく入れ替わっている店はよい店の可能性が高い！

COLUMN

井崎バリスタのフリートーク⑤

インスタントコーヒーも スペシャルティ品質に

コロナ禍において、インスタントコーヒーも売れ行き好調。ハンドドリップで淹れられるようになりたい、コーヒーは豆で買って自宅で挽いて丁寧に淹れたいという本格志向の人が増える一方で、インスタントコーヒーはすでに家庭の定番。手間をかけたくないけどコーヒーは飲みたいという人には、強い味方です。

これはズボラなわけではありません。日本茶を淹れるのに急須を出して茶葉を入れ、丁寧に抽出するような人もいますし、ティーバッグを使う人も少なくありません。インスタントコーヒーはティーバッグで淹れることとそれほど変わらないと思います。

誰が淹れても味のブレがなく、いつでもおいしくコーヒーが飲めるのは素晴らしいです。ただ、パッケージに書いてあることは守りましょう。コツは特にありませんが、記載された分量のお湯を使うことは重要です。

「カレーに少々」「麦茶にごく少量入れると香ばしくなる」など、隠し味に使う方法もよく耳にしますね。私はインスタントコーヒーをデザートによく使います。

例えば、イタリアの定番デザート、アフォガート。まずは、お湯30㎖にインスタントコーヒーを1杯分溶かし、エスプレッソぐらいの濃度にします。これをアイスクリームにかけたら、完成です。

あとは、バナナシェイクもよく作ります。私は牛乳があまり得意ではないので、オーツミルクかアーモンドミルクを使います。これらの植物性ミルクに凍ったバナナ、ヨーグルトをミキサーやブレンダーに入れ、なめらかになるまで攪拌します。これに普段は、普通のエスプレッソを加えますが、短時間で作りたいときはインスタントの出番です。

それから、インスタントコーヒーの世界でもアップデートが行われました。目を見張るほど、味がよくなっています。スペシャルティコーヒーのインスタントが誕生したことは、コーヒー界の特徴的な出来事です。お湯で溶くだけで、スペシャルティ品質のコーヒーが飲めます。

スペシャルティコーヒーのインスタントは、まずアメリカで火がつき、最近日本でも広まっています。話題になっているのは、名古屋で展開する「TRUNK COFFEE（トランクコーヒー）」と、「INIC coffee（イニックコーヒー）」のアイテムです。こちらのインスタントはパウダータイプなのに、お湯に溶くとドリップしたてのような香りと風味が味わえます。東京・清澄白河からサードウェーブコーヒー旋風を起こしたブルーボトルコーヒーもスペシャルティ品質のインスタントをリリースしました。

5限目

アレンジコーヒーで広がる楽しみ方

漫画　自由に楽しみ、コーヒーで世界平和を

ミルクを入れるとカフェラテになる「ラテベース」も売れてます
わー楽ちん!
甘いのは最高 砂糖も蜂蜜も
家にあるものを使えばいいのです!
でもダイエット中だし…
カロリーが気になる…
カロリーゼロの天然甘味料もあります
罪悪感ゼロ!
ワー
ラカント
エリスリトール
世界中の人が自由なアレンジで楽しんでいます
アジアではヨーグルトを入れたり
コンデンスミルクをたっぷり入れたり
僕も苦いのキライだよ
きゅん
かわいい
え! それでいいの?
飲んだ人がハッピーになれたら正解です!
コーヒーは自由なのです!

世界のアレンジコーヒーレシピ

エスプレッソの本場イタリア、人々は自宅でカフェで、1日に何度もエスプレッソを楽しみます。イタリアの素敵なコーヒーライフをご紹介します。

バニラアイスにエスプレッソをかけた「アフォガート」は、イタリアの定番デザート。リキュールをかければ、さらに大人の味わいに。

エスプレッソの本場、イタリア。家庭でも直火式エスプレッソメーカーである「マキネッタ」でエスプレッソを楽しみます。民泊仲介サービス・Airbnb（エアビーアンドビー）の宿泊先にも、必ずといっていいほどマキネッタがあるほど。

イタリア人の朝は、クロワッサンなどのペイストリーとカプチーノからはじまります。それから、バリスタと話しながら、エスプレッソを立ち飲みです。ランチ後はまたバールに出かけサクッと飲んでサクッと帰る。ディナーだって、締めはエスプレッソ。飲み終わると、エスプレッソにグラッパを入れて飲む人もいます。

イタリア人にとってエスプレッソは生活の一部ですが、どの国にも独特のカフェカルチャーがあります。

POINT

イタリア人の暮らしはエスプレッソとともにある！

ギリシャは、地中海の国で日差しも強力。アイスコーヒーでは冷たさがまだ足りない。だから、砂糖とエスプレッソを氷とともにブレンダーに入れて攪拌！ 青い海を見ながら飲む「フレッドエスプレッソ」は格別のおいしさがあります。

アジアのアレンジコーヒーはフリースタイルで、作って飲んで楽しいものばかり。韓国は「SNS映え」を意識したドリンクが人気です。「ダルゴナ」など、キュートなドリンクが生まれています。熱帯のインドネシアでは、コーヒーにココナッツシュガーや牛乳、生クリームを合わせた「コピスス」。氷を入れて冷たくするのが、夏の定番です。専門ブランドができ、大統領も訪れるほどの人気ぶり。練乳入りの「ベトナムコーヒー」も、最高に甘くて美味。

まだある、世界のコーヒーアレンジ

韓国 ダルゴナコーヒー

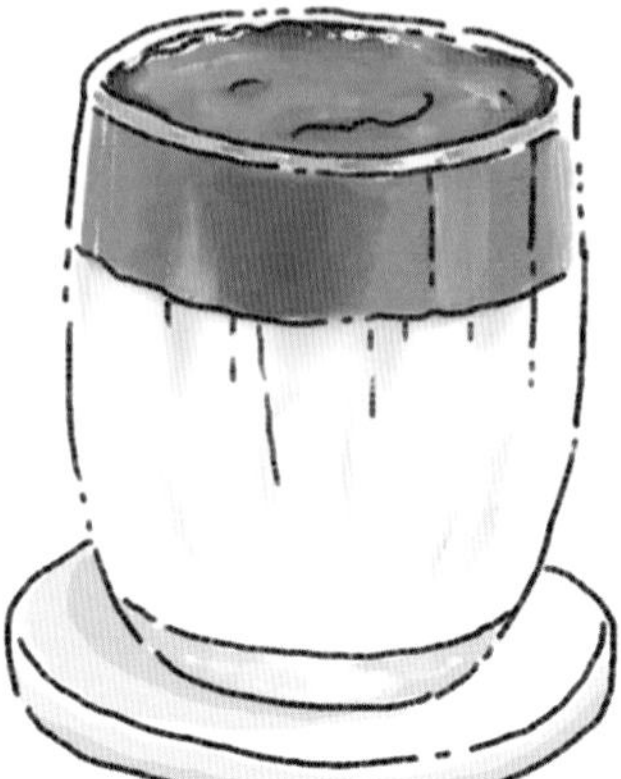

【材料（1 杯分）】
インスタントコーヒー……適量
グラニュー糖……適量
水……適量
※上記の3つの材料を 1：1：1 で準備
牛乳……適量

【作り方】
❶インスタントコーヒー、グラニュー糖、水を合わせ、メレンゲを作るようにかき混ぜる。
❷グラスに牛乳を注ぎ、上に①をのせる。

ギリシャ フレッドエスプレッソ

【材料（1 杯分）】
エスプレッソ……ダブルショット
氷……２個（撹拌時）
氷……２個（提供時）
グラニュー糖……適量（お好みで）

【作り方】
❶エスプレッソと氷２個をミキサーやブレンダーに入れ、撹拌する。
❷氷２個とグラニュー糖を入れる。

ベトナム
ヨーグルトコーヒー

【材料（1 杯分）】
加糖タイプのヨーグルト……90g
練乳……30g
エスプレッソ……シングルショット
クラッシュアイス……150g

【作り方】
❶練乳を電子レンジで 10 秒ほど温める
❷すべての材料を混ぜ合わせる。

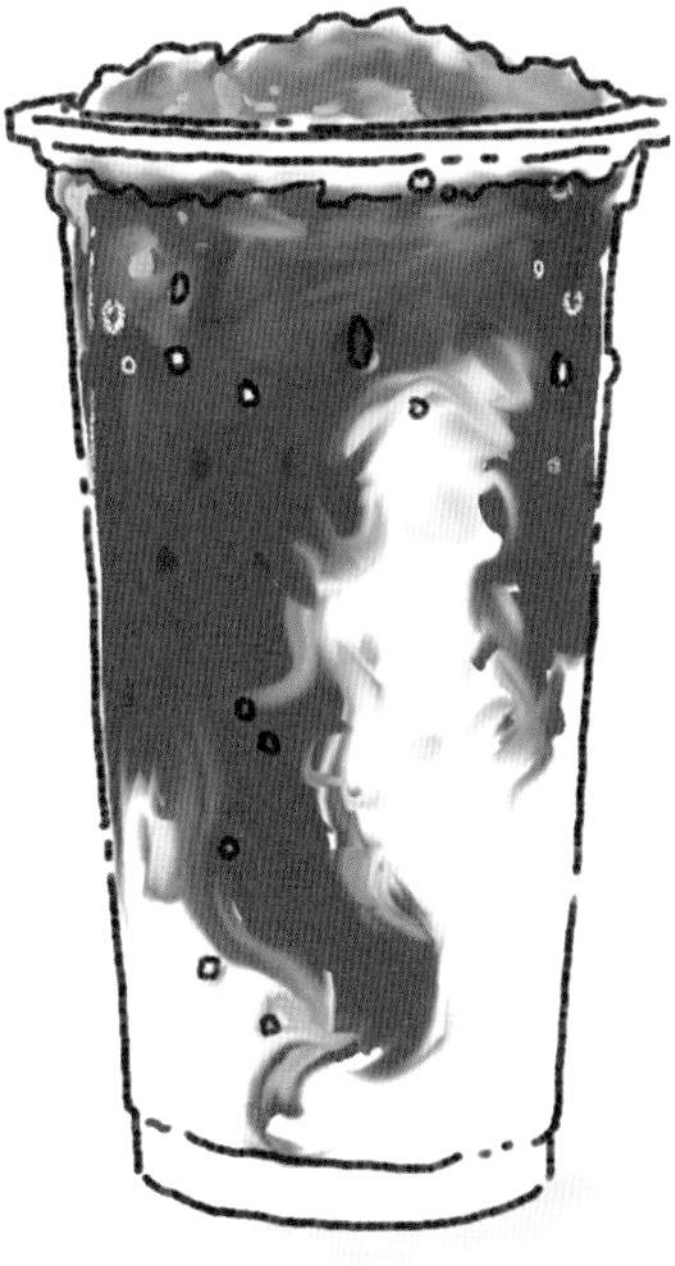

インドネシア
コピ・スス

【材料（1 杯分）】
エスプレッソ……シングルショット
ココナッツシュガーシロップ……20㎖
牛乳……100㎖
生クリーム……25㎖（お好みで）

【作り方】
❶生クリーム以外の材料をミキサーやブレンダーに入れ、撹拌する。
❷お好みで生クリームをのせても。

コーヒーに甘さを足す楽しみを

「コーヒーはブラックが至上」だけなんてもったいない。おいしいコーヒーは、砂糖などの甘味料を入れても魅力が倍増します。蜂蜜でもなんでも、自由に使ってみてください。

蜂蜜やグラニュー糖、黒糖などさまざまな甘味料を使って味を比べてみよう。あなたが欲しい「コーヒーの甘さ」が見つかるはずです。

生懸命選び、丁寧に淹れたコーヒーに砂糖？　大賛成です！

おいしいコーヒーは、ちょっと砂糖を入れると、さらに味わい深く飲めるからです。ブラックと飲み比べれば、苦味や酸味が和らぐ、口当たりがまろやかになるなどの変化を感じられるはずです。

砂糖の選び方も、自由にどうぞ。

喫茶店やカフェでスティック状の砂糖が用意されることが多いですよね。中身は粒状になった砂糖である「グラニュー糖」で、純度が高く溶けやすいためコーヒーに最適です。「エスプレッソにたっぷりのグラニュー糖を入れ、溶け残った砂糖を飴のように味わう」のもお試しいただきたいです。もちろん、グラニュー糖はドリップコーヒーにもよく合います。

POINT

好きなものを好きなだけ使ってコーヒーを自由に飲もう。

ですが、家庭用なら、常備している上白糖などでも問題ありません。

ダイエット中や糖質制限中の人は、カロリーゼロの「エリスリトール」などの甘味料を使ってみては。ただし、口に入れるとヒヤッと冷たくなるなど、ややクセのある甘味料ではあります。このエリスリトールと「羅漢果（ラカンカ）」という植物のエキスをブレンドした甘味料もコーヒーに合います。こちらもカロリーゼロ。

粒状のものだけでなく、蜂蜜も使えます。さまざまな種類はありますがアカシア蜂蜜が使いやすいでしょう。蜂蜜は花から作られ酸味もあるのでフローラルな香りの浅煎りコーヒーによく合います。花の種類、ミツバチの種類ごとに味も香りもガラリと変わり、使い比べるのも楽しいですよ。

牛乳は無調整・低温殺菌が◎

牛乳にはさまざまな種類があります。コーヒーに入れるなら、成分無調整、低温殺菌の2つのポイントで選ぶのがおすすめです。ブラック派も、ときには牛乳入りのやさしいコーヒーをどうぞ。

成分無調整、低温殺菌のものがおすすめ。牛乳を使うなら、牛への愛あふれるメーカーのものを選びたい。

コーヒーは牛乳との相性が抜群。ブラック派もときには、牛乳入りのコーヒーが飲みたくなるのでは？

牛乳入りのコーヒーでは、カフェラテとカフェオレがよく知られています。意外と混同されやすいのですが、ベースとなるコーヒーが違い、カフェラテはエスプレッソ、カフェオレがドリップコーヒーです。

カフェラテでもカフェオレでも、コーヒーに牛乳を加えておいしく飲むには、ベースのコーヒーを丁寧に淹れるだけでなく、牛乳を適切に選ぶことも必須です。

まず、牛乳には「成分調整牛乳」「低脂肪牛乳」「無脂肪牛乳」「加工乳」などがあります。

コーヒーには「成分無調整牛乳」をおすすめしています。ダイエットを意識していると、無脂肪や低脂肪を選びたいところですが、コーヒーとの相性から選ぶなら「成分無調整牛乳」がいいでしょう。

さらに、牛乳には、「ホモジナイズ（均質化）」という加工法があります。この加工をしていない「ノンホモ牛乳」は、味もよく濃厚な舌触りを楽しめるので、こちらもおすすめです。

それから「殺菌処理」も重要。「低温殺菌」と書いてあるものがおすすめです。牛への愛にあふれ、臭みの少ない良質な牛乳を作っているメーカーがありますので、自分の口に合うものを探してみましょう。

よい牛乳は臭みがなく、そのまま飲んでもほんのり甘く、コーヒーと合わせても風味をじゃましないという特徴があります。

POINT

コーヒーラバーなら
牛乳も抜かりなく選ぼう。

植物生まれのミルクでコーヒーを

環境や動物愛護への配慮から、牛（動物性）以外の、豆やナッツ、穀類などの植物由来の「プラントベースミルク」「デイリーフリーミルク」を選ぶ人もが増えています。味も良好です。

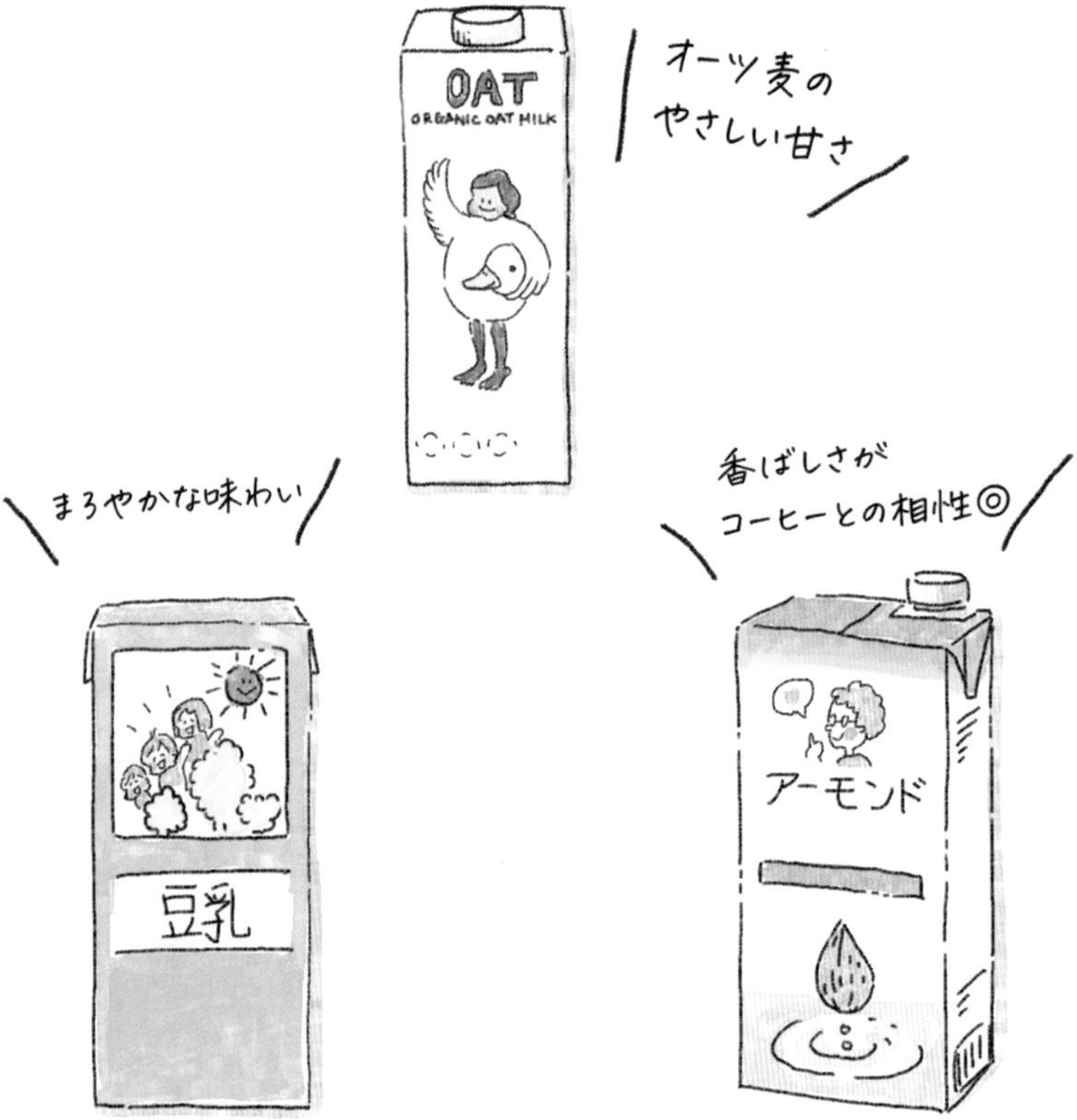

健康効果も期待できるとあって人気の植物性ミルク。豆乳、オーツミルク、アーモンドミルクのほか、ココナッツやマカデミアナッツのミルクもある。

「味は好きだけど、牛乳は飲めない」という人は、少なくありません。そうした背景もあり、豆やナッツ、穀類などの植物（プラント）を原材料とするミルクがブームの兆しです。植物生まれであるため、「プラントベースミルク」や「デイリーフリーミルク」などと総称されます。

アレルギーや体質の問題、動物性食材を取らないベジタリアンなど、需要や事情は人それぞれですが、選択肢が増えるのはよいことです。また、環境負荷低減や動物愛護の観点からも注目されています。それに、中には飲みやすいものもあるので、いくつか試してみては？

まず、豆乳。健康志向の人を中心にすっかり浸透し、豆乳を使った豆乳ラテ（ソイラテ）もカフェなどでよく見るようになりました。とはいえ、独特の青臭さが残りやすく、舌触りがザラザラするという欠点も。気になる場合には、コーヒーと一緒にスチームするなどの工夫でカバーできます。

それから、アーモンドミルク。スーパーやコンビニで、最近どんどん存在感を増しています。カロリーや糖質が少ない点も、ダイエット中の人にはうれしいところ。香ばしい風味もなかなかグッド。

隠れた名品が、オーツミルクです。世界的には最もポピュラーな植物生まれのミルクですが、まだ日本での流通量は少なめ。ただ、コーヒー向けのオーツミルクも市販されているぐらい、オーツ麦由来のやさしい甘さがあり、コーヒーとの相性は格別です。なめらかな口当たりなので、カフェラテなどに使うとおいしく仕上がります。

POINT

健康・動物愛護志向なら
プラントベースをチョイス。

コーヒーのフードペアリング

甘いものを食べて、余韻でコーヒーをひと口……。最高のリラクゼーションになります。食べものとの相性を意識すると、さらなる幸せが訪れるでしょう。

コーヒー×あんバタートーストのフードペアリング（食べ合わせ）がおすすめ。あんことの相性はぜひ試して。

コーヒーのフードの相性

- ☑ 和菓子…あんこを使った最中など
- ☑ 洋菓子…クッキーやケーキなど
- ☑ 食事…ハンバーガーなど

忙しいとき「コーヒーでも淹れようか」のひと言で緊張がほどけます。一人でもみんなとでも、コーヒータイムにおやつがあれば最高です。コーヒーは、肉汁したたるハンバーガーなどのがっつり系から甘いものまで、合わせる食べものを選ばないのがすごいところです。

また、ワインのように、フードペアリングを探す楽しみもあります。

試してほしいのが、バターたっぷりのクッキーです。動物の形をしたロングセラー品のクッキーがありますね。子ども向けの商品とあなどるなかれ、クッキーをかじり、余韻が残ったままコーヒーを飲むと幸せが訪れます。甘いだけでなく、ほどよい塩気とバターのコクがいい仕事をしてくれます。コーヒーとの相性も申し分なし。

POINT

ひと口食べてその余韻でコーヒーをひと口。

バターつながりでは、あんバタートーストもおすすめです。こんがり焼いたトーストにあんこをのせ、そこに冷蔵庫から出したばかりのバターをのせれば完成です。

クッキーやケーキなど、洋菓子との相性ばかりが語られがちですが、和菓子なら最中がコーヒーとの相性は良好。最中は、皮の繊細な口どけが、コーヒーのコクとよく合います。ちなみに、最中をイメージして誕生したのが、洋菓子のダックワーズ。福岡に超有名店があり、こちらのダックワーズが最高です。

甘党でない人は、ハンバーガーややきそばパンなど、がっつり系の食事と合わせるのはいかがでしょうか。油脂性のコクをコーヒーが流してくれて、後口はさっぱり。なんにでも合うからコーヒーはすごい！

コーヒーと過ごす大人の夜

睡眠は時間だけでなく「質」も重要。疲れが取れないあなたは、一日の最後のコーヒーをデカフェにすると、睡眠の質が上がるかもしれません。やさしいコーヒーとともにおやすみなさい。

デカフェなら、寝る前に飲んでも睡眠に悪影響なし。大人は時間を気にせず飲めて、牛乳と合わせて薄めのカフェオレにすれば子どもも飲めます。

コーヒーで気になる成分はカフェインでしょう。眠気覚ましや疲労回復などの作用があり、仕事のときは頼れる存在。ですが、寝る前に飲むにはちょっと悩んでしまいますよね。

また、最近は「睡眠の質」が注目されています。睡眠時間が十分であっても、良質の睡眠が取れていないと疲れが取れないなどの問題が生じます。カフェインは半減期が4〜6時間といわれています。ということは、よい睡眠のためには寝る前の4〜6時間以内にはコーヒーをやめたほうがよいということになります。

……とはいうものの、コーヒー好きは朝でも夜でも飲みたいものです。

となったら、デカフェ（カフェインレスコーヒー）の出番です。コーヒー豆に含まれるカフェインを取り除く技術が発展し、普通のコーヒーと比べても味も香りも劣らないデカフェが登場しています。コーヒーを飲むと眠れなくなる人やカフェインに弱い体質の人向けに開発されたデカフェ、一度試してみては。翌朝、目覚めがよければあなたに合っているのかも。

また、最近は、薬品などを使わないナチュラルな方法でカフェインを取り除く方法が一般的です。

カフェインの入っていないコーヒーに温めた牛乳を入れて飲んでゆっくり過ごす……大人の夜の楽しみ方です。温かい飲みものは、体内深部の温度をじわじわ上げてくれ寝つきがよくなる効果も期待されています。では、おいしいコーヒーを飲みながらおやすみなさい。

POINT

デカフェなら寝る前も安心。いい香りに包まれよい睡眠を。

コーヒーライフをもっと楽しもう

本を持って近所のカフェへ、お気に入りの音楽を聴きながらコーヒーで休憩など、コーヒーは自分だけの時間作りに最適のアイテム。コーヒーと素敵な時間を過ごすためのおすすめ音楽や本を紹介します。

いつの時代もコーヒーは文化や人との交流を生むアイテム

16世紀、オスマン帝国がイエメン、エチオピアを支配下に収めるとコーヒーの普及は一気に進み、16世紀半ば、首都イスタンブールには**コーヒーハウス**が開店。さまざまな人が集まる社交場として賑わいました。

イギリスは紅茶の国ですが、17世紀はロンドンでも**コーヒーハウス**が大ブーム。情報交換や議論を行う社交の場として親しまれました。また、文化や政治の拠点でもあり、のちには芸術家のたまり場になりました。

日本にコーヒーが伝来したのは、江戸時代のこと。鎖国中、交易の窓口だった**オランダ商館**に出入りしていた通訳や商人らが

コーヒーハウス
軽食も出すカフェ。→P66。

オランダ商館
江戸時代、長崎県平戸、その後出島に置かれたオランダ東インド会社の日本支店。

はじめて飲んだといわれています。

明治・大正期になると喫茶店がオープンし、コーヒーはモダンな飲みものとして知られるようになりました。昭和の時代は、喫茶店ブーム。友人が下宿を訪ねてくれば、「ここじゃなんだから」と喫茶店に行き一杯のコーヒーで何時間も粘った学生も少なくなかったそうです。

このようにコーヒーは音楽やカルチャーと結びつき、独特の喫茶カルチャーが誕生しました。

本書の著者である井崎さんは、どんなコーヒーライフを送っているのでしょう。コーヒータイムにおすすめの本・ドラマ・音楽を聞きました。

BOOKS

——コーヒーを飲みながら読みたい本や、影響を受けた本を教えてください。

井崎　**『何でも見てやろう』**（河出書房新社）いう本の影響で、海外に行きたいと思うようになりました。フルブライト基金で

明治・大正期
明治時代、日本のコーヒーハウス的存在の「新聞縦覧所（じゅうらんじょ）」や、簡易飲食店の「ミルクホール」が誕生。日本最初の近代的喫茶店は、東京・下谷黒門町の「可否茶館（カッヒーちゃかん、カヒサカン）」とされる。

『何でも見てやろう』
昭和36年（1961）刊の旅行記。フルブライト基金でハーバード大学に学んだ小田実（まこと）が、欧米やアジアの22か国を貧乏旅行した体験を綴った。小田実は小説家・文芸評論家。

ハーバード大学に行った小田実さんが世界中を貧乏旅行する旅行記です。多少脚色はあると思うのですが、こんなにバイタリティーあふれる日本人がいたなんてと驚いてしまいます。そして、今でもときどき読み返しては、「コーヒーで食べていこう」と決めた当時の自分の気持ちを思い出したりしています。

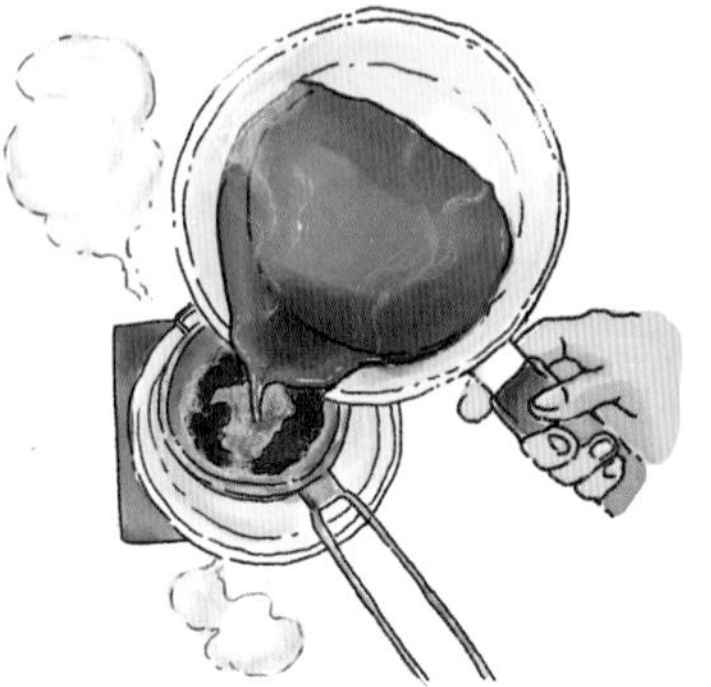

それから、あまり知られていない名作ですが、高橋和巳さんの『邪宗門』（河出書房新社）も愛読書の一つです。ある新興宗教への弾圧と滅亡を描いた内容で、重苦しい展開は、コーヒーなしでは読めません。

――なかなか渋い選書ですね。もし、楽に読める、観られる作品があれば教えてください。

井崎　アメリカのテレビドラマ『**ツイン・ピークス**』は、コーヒー

▲エチオピアの「マザーオブコーヒーツリー」の木の下で世界の仲間と肩を組み、コーヒーの素晴らしさを再確認。

『ツイン・ピークス』
1990～1991年、2017年に放映されたアメリカのテレビドラマ。

好きならきっと気に入ってくれるはずです。ストーリーのおもしろさだけでなく、コーヒーを飲むシーンがよく出てくるので、目が釘づけになってしまいます。登場人物がコーヒーを飲むときにはおいしそうなドーナツやチェリーパイが添えられ、アメリカらしくていいですね。また、よく「A cup of joe（ア・カップ・オブ・ジョー）」というセリフが出てきます。友人に教えてもらうまで知らなかったのですが、アメリカ英語で「コーヒー飲もうよ」という意味です。狙ったわけではないのですが、自分の息子もジョーという名前なので、親近感を覚えています。

——コーヒーのことを調べていると、環境や人権の問題などが気になってきます。こうした問題を学ぶのにいい本などはありますか？

井崎　コーヒー業界には環境問題や人権問題への意識の高い人が多いです。本を読んで知識を深めたいなら、**『コーヒーで読み解くSDGs』**（ポプラ社）がおすすめですね。コーヒーへの興味からスタートしてSDGsを学ぶのなら、この本が入門として最適だと思います。

ミステリー的展開に超常現象やナゾ解きなどのエッセンスも盛り込まれ、全部を観るのに24時間以上かかる。製作総指揮はデヴィッド・リンチ、マーク・フロスト。

『コーヒーで読み解くSDGs』
SDGsは、エスディージーズと読む。2015年の国連総会で採択された「持続可能な開発目標」で、地球環境や格差問題の解決など、広範な目標を立てた。この本は、大学教授、国際NGOの元職員、川島良彰さんがコーヒーを通してSDGsを紐解き、コーヒーを通じてSDGsに貢献する方法を説く。

MUSIC

——音楽はいかがですか？

井崎　よく聴く音楽はパンクなどで、ブルースやジャズなどのブラックミュージックも大好きです。特に、サッチモというニックネームで親しまれた**ルイ・アームストロング**は最高ですね。彼の音楽は、情感たっぷりで、深煎りの濃い目のコーヒーと相性が抜群です。クラシックなどより、自分はマイノリティの音楽としてのブラックミュージックに心惹かれます。こうした素晴らしい音楽を聴きながらコーヒーを飲んで、コーヒー産業と人権の問題にもぜひ関心を持ってください。

ライフスタイルを見直し 等身大のコーヒーライフを楽しもう

新型コロナウイルス感染症の世界的なまん延以降、ライフスタイルや価値観がすっかり変わりました。外出や外食もままならない状況になったとき、一人で打ち込める趣味を持っている人は強いです。

ルイ・アームストロング
20世紀を代表するアメリカのジャズトランペット奏者・歌手。愛称サッチモ。スキャットの創始者。

また、日々の幸せの尊さ、小さな幸せを積み重ねることの大切さに気づいた人は少なくないでしょう。

好きな音楽を聴くとき、掃除をしてきれいになった部屋で読書をするとき、おいしいコーヒーがあれば幸せ。コーヒーを好きになれば、自分の感性に合うカフェを探す楽しみもあります。タンブラーにコーヒーバッグとお湯を入れて散歩やピクニックに出かける、**手焙煎**をはじめてみるなども最高。

世界の広げ方はあなた次第ですよ！

手焙煎

家庭でのコーヒー焙煎は、ガスコンロに五徳（鉄などでできた輪っか状の台）をのせ、中華鍋で焙煎する方法が知られている。少量なら、茶や豆などを煎る平たい土鍋「焙烙（ほうろく）」やスキレットでも焙煎できる。

もっと知りたい人のためのコーヒーインフォメーション

■コーヒーの勉強をするには

コーヒーに興味が出てさらに深く学びたいと思ったら、独学でも学べますが、専門学校やスクールなども選択肢の一つになるでしょう。オンラインで開講する学校もあり、昼間は学生や会社員をしながら夜間や通信のコースで学ぶ人もいます。

製菓やカフェのコースがある専門学校では、専門的な技術や知識を学べるうえ、何千万円もするマシン実機が実習用に備えられているので、実践的なスキルが磨けます。

私が共同代表を務める「バリスタハッスルジャパン」は、オンラインの教育プラットフォーム。全世界で4万人以上のプロバリスタに愛され、日本語翻訳版も2018年にできました。

コーヒーを仕事にするなら、カフェやレストラン、コーヒーショップなどでまず働いてみる方法があります。働いて給料をもらいながらフードやドリンクの知識を得ることができます。

もちろん、そこまで本格的にやらなくとも、カフェなどで1日や数回などの短期間で完結するワークショップも開催されています。

■バリスタとは

コーヒーに関する知識・技術を持ってバールで働く人が、バリスタです。バールとは日本のカフェのような店で、バリスタはコーヒーやお酒を提供します。

また、飲みものや食べものを提供するだけでなく、お客さんの注文に細かく対応するなどの接客、ときにレジなどの仕事までこなします。カプチーノにミルクで絵を描く「ラテアート」などのサービスもします。

■バリスタになるには

バリスタになる方法に正解はありません。プロのバリスタのいる店、バリスタの育成を熱心に行う店で修業を積むのがいいでしょう。特に資格は求められません。

■ジャパン・バリスタ・チャンピオンシップ（JBC）って？

バリスタの技術を競う大会が開催されています。日本大会である「ジャパン・バリスタ・チャンピオンシップ（JBC）」も盛り上がっています。

競技はエスプレッソを通じた評価が基本で、決勝では制限時間内に3種類のドリンクを提供します。まず「エスプレッソ」、そして「ミルクビバレッジ」、最後に「シグネチャービバレッジ」と呼ばれる創作ドリンクです。味だけでなく、プレゼンテーション能力や技術なども評価の対象です。

■ワールド・バリスタ・チャンピオンシップ（WBC）って

バリスタの技術を世界レベルで競い合う大会です。日本大会であるJBCの優勝者が、世界大会であるWBC（ワールド・バリスタ・チャンピオンシップ）へ日本代表として参加します。

競技会のルールは日本のJBCもWBCも同じです。近年は日本人参加者も好成績を収めています。

巻末特集

井崎英典がわかる 3つのQ&A

Q 井崎英典ってどんな人？

A 世界一になったことのあるバリスタ

法政大学国際文化学部への入学を機に、コーヒーの名門である「株式会社丸山珈琲」に入社しました。

生まれたときからスペシャルティ品質のコーヒーに触れた素養を活かし、在学中ながら2012年に史上最年少でジャパン・バリスタ・チャンピオンシップにて優勝し、2連覇を成し遂げたのち、2014年のワールド・バリスタ・チャンピオンシップにてアジア人初の世界チャンピオンとなりました。

その後独立し､2019年に株式会社QAHWA（カフア）を創業し、代表取締役としてコロナ禍以前は年間200日以上を海外で活動するなど多忙な日々を送っています。

2020年より国内事業にも注力し、2021年からは自身の実体験が基となった「#ヤバいデカフェ」も開発しSNSを中心に話題になりました。

Q どんな仕事をしているの？

A コーヒーに関するコンサルティング

大手ハンバーガーチェーンのコーヒーメニューを監修したり、ヨーロッパやアジアを中心に、コーヒー関連機器の研究開発するなど、さまざまな業態に応じて幅広く商品開発からマーケティングまで一気通貫したコンサルティングを行っています。最近ではNHK総合『逆転人生』やBS日テレ『バカリズムの大人のたしなみズム』など、テレビ番組やラジオ番組の出演も多く、どこかでご覧になられた方もいらっしゃるかもしれません。

Q QAHWAってどんな会社？

A コーヒーにまつわることをなんでも！

ヨーロッパやアジアを中心に、コーヒー関連のさまざまな事業を手がけています。その内容は、コーヒー関連機器の研究開発、小規模店から大手チェーンへのマーケティングやコンサルティングなどです。「Brew Peace（ブリューピース）」というキャッチコピーを掲げており、その意味は「平和を淹れる」です。コーヒーと人の素敵な出会いをプロデュースし、コーヒーの力で平和な世界を叶えるため、国境を越えて世界的に活動しています。

【DATA】QAHWA（カフア） https://qahwa.co.jp

おわりに

長きに渡り、コーヒーショップは、
友人や愛する人と語らう時間、思い思いの時間を過ごす人、
様々な想いを持って訪れた人たちを受け入れてきました。
しかし、コロナは人類が愛し続けてきた「コーヒーブレイク」を突如奪い去りました。

私のミッションは「素敵なコーヒーブレイクをプロデュースすること」です。
大手ハンバーガーチェーンや海外のコーヒーチェーンのコンサルティングだけでなく、
お菓子や食、はたまたファッションや車やアートなど、
一見コーヒーと関係ないようなカテゴリーとコラボレーションして、
多くの方々が「ホッ」と心休まる時間を作り続けてきました。

今までは「コーヒーを飲むのがコーヒーブレイクだ」と思っていましたが、
Zoomを使ったクラウドカフェ「#BrewHome」を主催したり、
おいしいコーヒーのある豊かな生活をメディアで発信する中で、
「コーヒーを淹れる行為そのものがコーヒーブレイクではないか」と
考えるようになりました。

部屋いっぱいに広がるコーヒー豆の香ばしい香り、
グラインダーでゴリゴリ豆を挽く振動、
静かな部屋に響き渡るドリップの滴る音……
「コーヒーを淹れる」という行為は、ダイレクトに私たちの五感に働きかけます。
ある意味マインドフルネスに近い感覚ではないかと思いますし、
茶道や華道に近い「道」の要素もあると思います。

ごちゃごちゃ難しい話をしてしまいましたが、
私が「コーヒーを淹れるハードルを下げるどころか埋める」を
コンセプトにした本を出版したいと思った理由は、
コーヒーを淹れる行為そのものがリラックスにつながると思ったからです。
そして、心身休まるコーヒーブレイクを過ごしてほしいと心から願っています。
本書がきっかけとなり「コーヒーを淹れてみよう」と思って頂けたのなら、
本当に嬉しく思います。コーヒーのある"Brew Peace"な世界を願って。

井崎英典

井崎英典（いざき・ひでのり）
第15代ワールド・バリスタ・チャンピオン
株式会社QAHWA代表取締役

1990年生まれ。高校中退後、父が経営するコーヒー屋「ハニー珈琲」を手伝いながらバリスタに。2012年に史上最年少でジャパン・バリスタ・チャンピオンシップにて優勝。2連覇を成し遂げた後、2014年のワールド・バリスタ・チャンピオンシップにてアジア人初の世界チャンピオンとなり、以後独立。コロナ禍以前は年間200日以上を海外で過ごしつつ、コーヒーコンサルタントとしてBrew Peaceのマニフェストを掲げてグローバルに活動。2020年より国内事業にも注力。ヨーロッパやアジアを中心に、コーヒー関連機器の研究開発、小規模店から大手チェーンまで幅広く商品開発からマーケティングまで一気通貫でコンサルティングを行う。NHK『逆転人生』、BS日テレ『バカリズムの大人のたしなみズム』ほか、テレビ・雑誌・WEBなどメディア出演多数。

■スタッフ

装丁	krran
イラスト	齊藤 詠（うた）
本文デザイン・DTP	風間佳子
企画協力	広田 聡（QAHWA）
構成・編集	木村悦子（ミトシロ書房）、田中早紀（宝島社）

世界一のバリスタが書いた
コーヒー1年生の本

2021年12月１日　第1刷発行
2024年12月20日　第3刷発行

著　者　井崎英典
発行人　関川 誠
発行所　株式会社宝島社
〒102-8388　東京都千代田区一番町25番地
電話　営業　03-3234-4621
　　　編集　03-3239-0646
https://tkj.jp
印刷・製本　日経印刷株式会社

ISBN 978-4-299-02179-3